高校入

5科の一問一答

文英堂

contents［もくじ］

地球

数学

英語

国語

本書の特長と使い方

重要事項を一問一答でらくらくチェック！

入試によく出る重要事項を，コンパクトな一問一答形式でまとめました。1単元を1ページで終えられるので，5教科まとめて短期間でチェックできます。

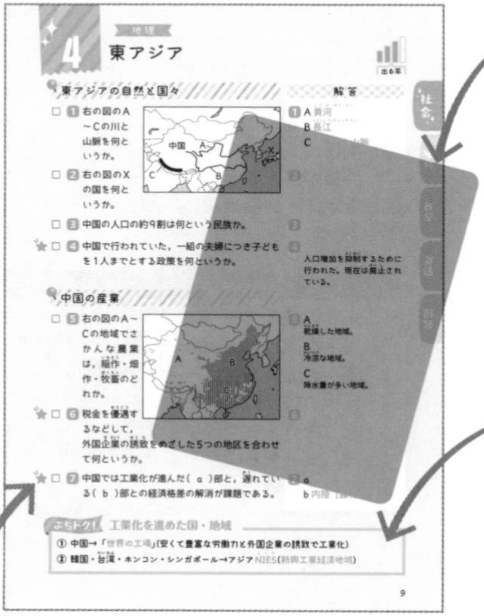

地理

4 東アジア

出る率

東アジアの自然と国々

□ 1 右の図のA～Cの川と山脈を何というか。

□ 2 右の図のXの国を何というか。

□ 3 中国の人口の約9割は何という民族か。

★□ 4 中国で行われていた，一組の夫婦につき子どもを1人までとする政策を何というか。

中国の産業

□ 5 右の図のA～Cの地域でさかんな農業は，稲作・畑作・牧畜のどれか。

★□ 6 税金を優遇するなどして，外国企業の誘致をめざした5つの地区を合わせて何というか。

★□ 7 中国では工業化が進んだ（ a ）部と，遅れている（ b ）部との経済格差の解消が課題である。

解答

1 A 黄河
B 長江
C

2

3

4 人口増加を抑制するために行われた。現在は廃止されている。

5 A 乾燥した地域。
B 冷涼な地域。
C 降水量が多い地域。

6

7 a
b 内陸

ぷちトク！ 工業化を進めた国・地域

① 中国→「世界の工場」(安くて豊富な労働力と外国企業の誘致で工業化)

② 韓国・台湾・ホンコン・シンガポール→アジアNIES(新興工業経済地域)

9

■赤フィルターでくり返し解いて得点アップ！

赤フィルターで答えがかくせるので，何度でもチェックができて，知識が定着→得点アップにつながります。できた問題の□欄に☑をつけて，まちがえた問題は解けるまでやり直しましょう。

■「ぷちトク！」でおトクな情報をゲット！

各ページのぷちトク！には，まちがえやすいポイントやゴロ合わせなど，スッと読めて，入試に役立つ情報がのっています。

■重要な問題をとりこぼさない！

とくに重要な問題には，★マークがついています。必ず解けるようにしておきましょう。

SOCIAL STUDIES

社会

地理

歴史

公民

地理

1 世界の姿・日本の姿

出る率

世界の姿

★ □ **1** 右の図のA～Dの海洋と大陸を何というか。

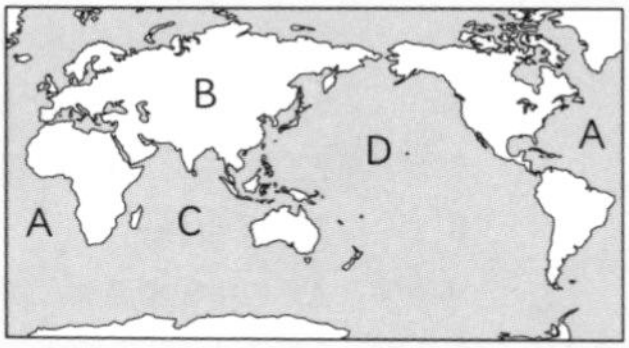

★ □ **2** 緯度《いど》0度の緯線《いせん》を何というか。

□ **3** イギリスのロンドン郊外《こうがい》を通る，経度0度の経線を何というか。

□ **4** オーストラリア大陸と太平洋の島々をふくむ州を何というか。

□ **5** 世界でもっとも面積が大きい国はどこか。

日本の姿

★ □ **6** 日本の端《はし》である，右の図のA～Dの島を何というか。

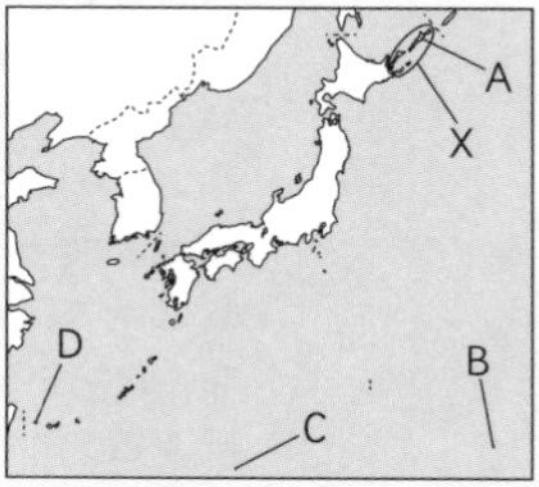

★ □ **7** 右の図のXの島々を合わせて何というか。

□ **8** 沿岸から200海里までの，領海《りょうかい》をのぞく水域を何というか。

解答

1 A 大西洋
B ユーラシア大陸
C インド洋
D 太平洋

2 赤道《せきどう》

3 本初子午線《ほんしょしごせん》

4 オセアニア州

5 ロシア(連邦《れんぽう》)

6 A 択捉島《えとろふとう》
B 南鳥島《みなみとりしま》
C 沖ノ鳥島《おきのとりしま》
D 与那国島《よなぐにじま》

7 北方領土《ほっぽうりょうど》
択捉島《えとろふとう》，国後島《くなしりとう》，色丹島《しこたんとう》，歯舞《はぼまい》群島の4島。

8 排他的《はいたてき》経済水域

ぷちトク! 覚えておきたい0度が通る場所

① 赤道が通る場所

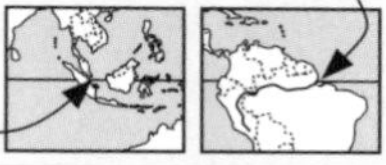

② 本初子午線が通る場所

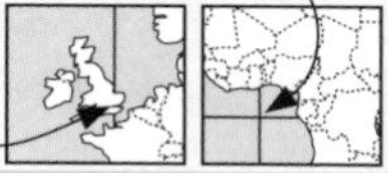

地理

2 世界の気候と人々の生活

出る率

世界の気候

解答

★ □ **1** 次の図のA，Bにあてはまる気候帯を，それぞれ何というか。

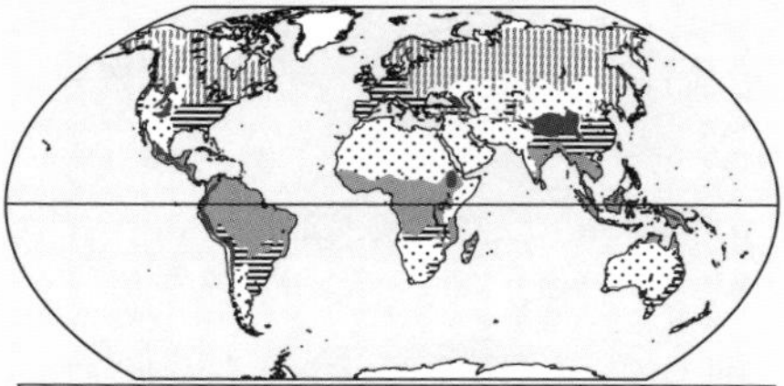

■熱帯　⛶A　☰温帯　▥B　□寒帯
■高山気候　（『ディルケアトラス』ほかによる）

1 A 乾燥《かんそう》帯
B 冷帯［亜《あ》寒帯］

□ **2** 温帯のうち，1年の中で気温の差が大きく，1年を通して降水量が比較的《ひかくてき》多い気候を何というか。

2 温暖湿潤《しつじゅん》気候
日本がふくまれる気候。

□ **3** 熱帯のうち，雨季と乾季《かんき》がはっきりしている気候を何というか。

3 サバナ気候

人々の生活

□ **4** 熱帯の地域で見られる，1年を通して緑の葉がしげっている森林を何というか。

4 熱帯雨林［熱帯林］

★ □ **5** 乾燥《かんそう》した地域などで見られる，水や草を求めて移動しながら行う家畜《かちく》の飼育を何というか。

5 遊牧

□ **6** アンデス山脈の標高4000mを超《こ》える地域で飼育されている動物は，次のうちどれか。
〔馬　　アルパカ　　牛　　らくだ〕

6 アルパカ
毛は織物の原料となる。運《うん》搬《ばん》用にリャマも飼育する。

ぷちトク！ 気候や暮らしに合わせた住居

① 森林の多い寒冷地

丸太の家

② 熱帯地域

高床《たかゆか》の家

③ 乾燥地域

日干しれんがの家

④ 遊牧地（モンゴル）

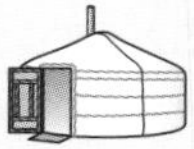

ゲル

地理

3 世界の宗教と文化

出る率

世界のおもな宗教

解答

★ □ 1 右の図のA，Bに広がる宗教を，それぞれ何というか。

三大宗教のおもな分布

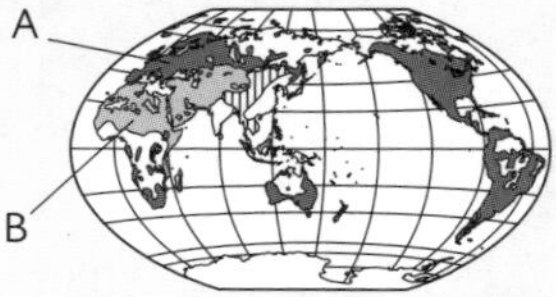

1 A キリスト教
聖書《せいしょ》が教典。
B イスラム教
コーランが教典。

□ 2 三大宗教のうち，東南アジアから東アジアにかけてとくに信仰《しんこう》する人が多い宗教は何か。

2 仏教《ぶっきょう》
経《きょう》が教典。

□ 3 インドで約80%の人が信仰している宗教を何というか。

3 ヒンドゥー教

宗教と暮らしの結びつき

□ 4 イスラム教の人々が，その方角に向かって1日5回礼拝《れいはい》する聖地はどこか。

4 メッカ
サウジアラビアにある。

★ □ 5 イスラム教の人々が，食べることを禁じられている動物は何か。

5 豚《ぶた》
アルコール(酒)も禁止。

□ 6 ヒンドゥー教の人々が大切にあつかい，食用にはしない動物は何か。

6 牛

□ 7 イスラム教の人々が，イスラム暦《れき》の9月の約1か月のあいだ，日中は飲食をしないことを何というか。

7 断食《だんじき》

□ 8 キリスト教の人々が，仕事が休みの日曜日に，いのりをささげるために集まる施設《しせつ》を何というか。

8 教会

□ 9 キリスト教の人々が，キリストの誕生を祝う行事を何というか。

9 クリスマス

ぷちトク！ まちがえやすい宗教

① 三大宗教は，キリスト教・イスラム教・仏教。ヒンドゥー教は民族宗教。
② カトリック・プロテスタント・正教会は，キリスト教のおもな宗派。

4 東アジア

出る率

東アジアの自然と国々

解答

□ 1 右の図のA～Cの川と山脈を何というか。

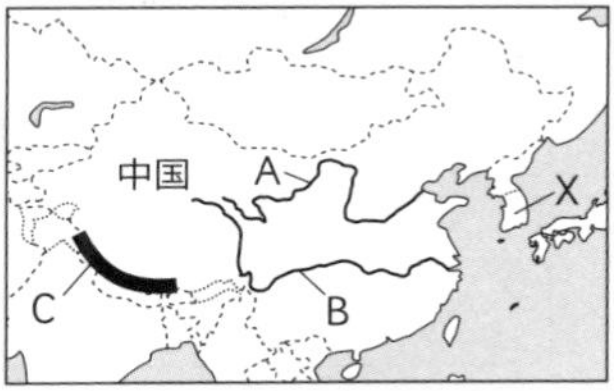

□ 2 右の図のXの国を何というか。

□ 3 中国の人口の約9割は何という民族か。

★ □ 4 中国で行われていた，一組の夫婦につき子どもを1人までとする政策を何というか。

1 A 黄河《こうが(ホワンホー)》
B 長江《ちょうこう(チャンチアン)》
C ヒマラヤ山脈

2 韓国《かんこく》［大韓民国《だいかんみんこく》］

3 漢《かん》族［漢民族］

4 一人っ子政策
人口増加を抑制《よくせい》するために行われた。現在は廃止《はいし》されている。

中国の産業

□ 5 右の図のA～Cの地域でさかんな農業は，稲作《いなさく》・畑作・牧畜《ぼくちく》のどれか。

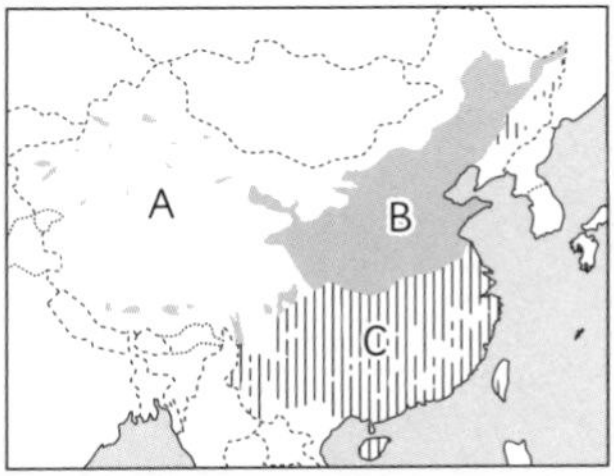

★ □ 6 税金を優遇《ゆうぐう》するなどして，外国企業《きぎょう》の誘致《ゆうち》をめざした5つの地区を合わせて何というか。

★ □ 7 中国では工業化が進んだ(a)部と，遅《おく》れている(b)部との経済格差の解消が課題である。

5 A 牧畜
乾燥《かんそう》した地域。
B 畑作
冷涼《れいりょう》な地域。
C 稲作
降水量が多い地域。

6 経済特区

7 a 沿岸［沿海・都市］
b 内陸［農村］

ぷちトク！ 工業化を進めた国・地域

① 中国→「世界の工場」(安くて豊富な労働力と外国企業の誘致で工業化)
② 韓国・台湾《たいわん》・ホンコン・シンガポール→アジアNIES《ニーズ》(新興工業経済地域)

5 東南アジア・南アジア・西アジア

出る率

自然

解答

★□ 1 東南アジアや南アジアの降水量に影響《えいきょう》をあたえる，季節でふく向きの変わる風を何というか。

□ 2 右の図のXの湾《わん》を何というか。

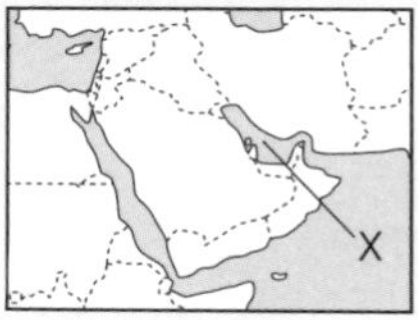

1 季節風［モンスーン］

2 ペルシャ湾［ペルシア湾］
湾岸部には油田が多く集まっている。

産業

□ 3 東南アジアなどで行われる，1年に同じ農地で同じ農作物を2回つくる農業を何というか。

3 二期作

★□ 4 天然ゴムやコーヒーなど，特定の商品作物を栽《さい》培《ばい》する大農園を何というか。

4 プランテーション

□ 5 東南アジアの10か国が加盟する地域協力組織を何というか。

5 東南アジア諸国連合［ASEAN《アセアン》］

★□ 6 右の図が示す鉱産資源は何か。

□ 7 6の資源の生産や価格の調整を行う，1960年に結成された組織を何というか。

(『世界国勢図会 2020/21』)

6 石油［原油］

7 OPEC《オペック》
［石油輸出国機構］

□ 8 インドで近年成長している，ソフトウェア開発などを行う産業を何というか。

8 情報通信技術産業
［ICT産業］

□ 9 8の産業がさかんなインドの都市は次のうちどれか。
［バンコク　ベンガルール　ドバイ　リヤド］

9 ベンガルール

ぷちトク! インドでソフトウェア開発がさかんなワケ

① 英語や数学の教育水準が高い。←かつてイギリスの植民地。インド数学。
② 時差を利用しアメリカの企業《きぎょう》の仕事を請《う》け負う。←アメリカとインドは昼と夜が逆。

地理

6 ヨーロッパ

出る率

ヨーロッパの自然と国々

解答

★ □ 1 ヨーロッパの西岸を北上する暖流を何というか。

1 北大西洋《きたたいせいよう》海流

★ □ 2 ヨーロッパの西岸に，1年を通して西からふく風を何というか。

2 偏西風《へんせいふう》
暖流の影響《えいきょう》であたたかくなる風。

□ 3 氷河によってけずられた，細長く奥行きのある湾《わん》を何というか。

3 フィヨルド

□ 4 ヨーロッパ州の多くの人々が信仰《しんこう》している宗教を何というか。

4 キリスト教

□ 5 4のうち，カトリックが多いのは何系の人々か。

5 ラテン系(の人々)

★ □ 6 経済的・政治的な統合をめざして発足《ほっそく》した，ヨーロッパの地域統合組織を何というか。

6 ヨーロッパ連合［EU］
共通通貨はユーロ。

ヨーロッパの産業

★ □ 7 右のような気候の地域で行われる，夏にオレンジやオリーブ，冬に小麦などを栽培《さいばい》する農業を何というか。

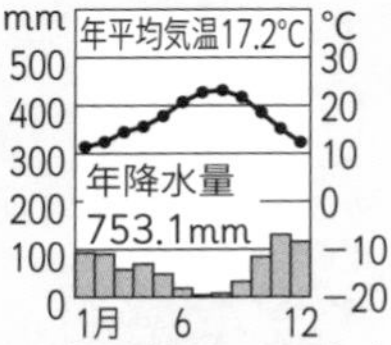

(『理科年表 2021年』)

7 地中海式《ちちゅうかいしき》農業
夏に乾燥《かんそう》し，冬に雨が降る温帯の地域で行われる。

□ 8 畑作と家畜《かちく》の飼育を組み合わせた農業を何というか。

8 混合《こんごう》農業
北西部や東部で行われる。

□ 9 乳牛を育て乳製品をつくる農業を何というか。

9 酪農《らくのう》
すずしい地域で行われる。

□ 10 EUの加盟国で技術協力を行い，生産がさかんなハイテク(先端《せんたん》技術)産業は次のうちどれか。
〔鉄鋼　航空機　金属　せんい〕

10 航空機

ぷちトク! イギリスがEUを離脱《りだつ》したワケ

① EU加盟国間の経済格差。←GNIの低い国へ補助金支給(イギリスは拠出《きょしゅつ》が多い)。
② 移民問題。←就業・治安などで不安が広がる。

地理

7 アフリカ

出る率

アフリカの自然と国々

★ □ 1 右の図のAの砂漠《さばく》を何というか。

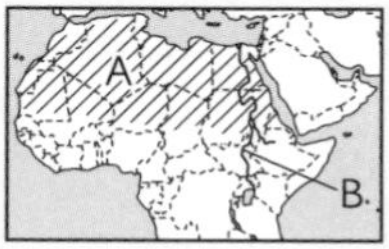

□ 2 右の図のBの川を何というか。

□ 3 なつめやしの栽培《さいばい》などが行われる，ほとんど雨が降らない砂漠の中で水がわき出るところを何というか。

□ 4 19世紀末までに，アフリカの国々のほとんどは，ヨーロッパ諸国に政治や経済の面で支配される(　　　)になった。

★ □ 5 南アフリカ共和国でかつて行われていた，ヨーロッパ系の白人を優遇《ゆうぐう》する人種隔離《かくり》政策を何というか。

アフリカの産業

□ 6 コートジボワールの輸出割合を示した右の図の，Aにあてはまる農作物は何か。

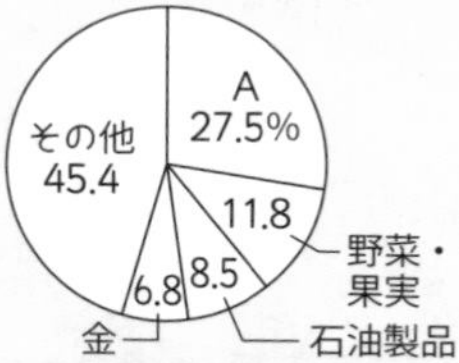

(2018年)(『世界国勢図会 2020/21』)

★ □ 7 特定の鉱産資源や農産物の輸出にたよった経済を何というか。

□ 8 コバルトやクロムなど，地球上に存在する量は少ないが，携帯《けいたい》電話やコンピューターなどに欠かせない金属を何というか。

解答

1 サハラ砂漠
世界最大の砂漠。

2 ナイル川
世界最長の川。

3 オアシス

4 植民地

5 アパルトヘイト
1990年代に撤廃《てっぱい》された。

6 カカオ(豆)
プランテーションで栽培される，チョコレートやココアの原料。

7 モノカルチャー経済

8 レアメタル［希少金属］
工業原料としての需要《じゅよう》が高い。

ぷちトク! アフリカの注目点

歴史 人々がアメリカへ奴隷《どれい》として連れて行かれる。ヨーロッパによる植民地化。

輸出 ナイジェリア・リビアの原油。ザンビアの銅。ボツワナのダイヤモンド。

地理

8 北アメリカ

出る率

北アメリカの自然と国々

解答

★ □ 1 北アメリカの西部に連なる険しい山脈を何というか。

1 ロッキー山脈

□ 2 北アメリカでもっとも長い川を何というか。

2 ミシシッピ川

□ 3 しばしば北アメリカ南部やカリブ海の島々をおそう熱帯低気圧を何というか。

3 ハリケーン

★ □ 4 中南米からアメリカ合衆国《がっしゅうこく》へ移り住んだ，スペイン語を母国語とする人々を何というか。

4 ヒスパニック
仕事を求めて移住する人々が多い。

北アメリカの産業

□ 5 その土地の地形や気候に適した農作物を栽培《さいばい》する農業の方法を何というか。

5 適地適作

□ 6 大型機械を使用して，少ない労働力で広い土地を経営する農業を何というか。

6 企業的《きぎょうてき》(な)農業

★ □ 7 右の図のA～Cでもっとも栽培がさかんな農産物は次のうちどれか。

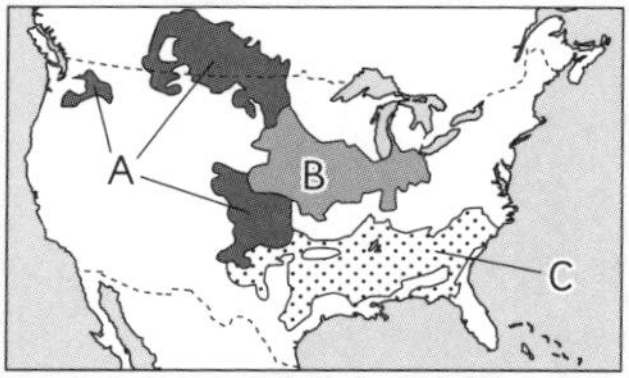

〔綿花　　小麦　　とうもろこし・大豆〕

7 A 小麦
B とうもろこし・大豆
C 綿花
かつて南部の農場では，アフリカから連れてこられた奴隷《どれい》が働いていた。

★ □ 8 アメリカ合衆国の北緯《ほくい》37度以南の，情報通信技術(ICT)産業がさかんな地域を何というか。

8 サンベルト
シリコンバレーなどがある。

□ 9 世界各地に支社や子会社をつくり，国境を越《こ》えて活動している企業を何というか。

9 多国籍《たこくせき》企業

ぷちトク！ 工業の中心地は北部から南部へ

① 大西洋岸・五大湖《ごだいこ》周辺の重工業(鉄鋼業や自動車工業)→衰退《すいたい》。
② 北緯37度以南のハイテク(先端《せんたん》技術)産業・航空宇宙産業→アジア系移民が活躍《かつやく》。

9 地理
南アメリカ・オセアニア

出る率

南アメリカ

★ □ 1 南アメリカ北部を流れる，世界でもっとも流域面積の広い川を何というか。

★ □ 2 ブラジルの輸出割合を示した右の図の，Aにあてはまる鉱産資源は何か。

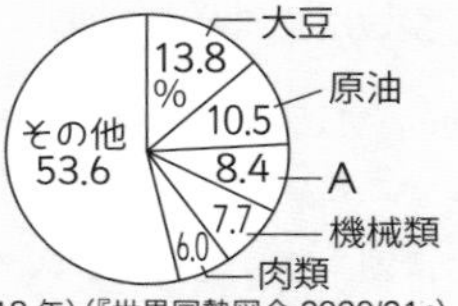

(2018年)(『世界国勢図会 2020/21』)

□ 3 おもにアルゼンチンに広がる，牧畜《ぼくちく》や小麦などの栽培《さいばい》を行っている広大な草原を何というか。

□ 4 ブラジルで生産がさかんな，さとうきびを原料にした燃料を何というか。

□ 5 森林を焼いて，その灰を肥料にして行う農業を何というか。

オセアニア

★ □ 6 オーストラリアに昔から住んでいる先住民族を何というか。

□ 7 オーストラリアでかつて行われていた，ヨーロッパ系以外の人々の移民を制限する政策を何というか。

□ 8 多くの民族が共存し，それぞれの文化を尊重する社会を何というか。

□ 9 オーストラリアの現在の最大の貿易相手国はどこか。

解答

1 アマゾン川
熱帯雨林の過伐採《かばっさい》が問題。

2 鉄鉱石

3 パンパ

4 バイオ燃料
[バイオエタノール]

5 焼畑《やきはた》農業

6 アボリジニ

7 白豪《はくごう》主義
1970年代に廃止《はいし》された。

8 多文化社会

9 中国 [中華人民共和国《ちゅうかじんみんきょうわこく》]
かつてはイギリス。

ぷちトク! 覚えておきたいオーストラリアの産業分布

① 南西部・南東部で羊，北東部で牛の飼育がさかん。
② 東部で石炭，北西部で鉄鉱石の産出量が多い。

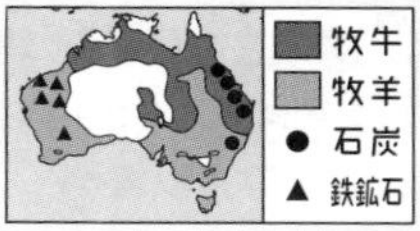

地理

10 地域調査の手法

出る率

地形図

解答

□ 1 地形図上で，実際の距離《きょり》を縮小した割合を何というか。

1 縮尺《しゅくしゃく》

□ 2 地形図で，高さが等しい地点を結んだ線を何というか。

2 等高線《とうこうせん》

★ □ 3 2万5千分の1地形図で，2地点間の距離が2 cmのとき，実際の距離は何mか。

3 500 m

★ □ 4 ‖‖ の地図記号は，何を表しているか。

4 田

★ □ 5 ∨∨ の地図記号は，何を表しているか。

5 畑

★ □ 6 右の図に見られる，川が山間部から平地に流れ出たところに，土砂《どしゃ》が積もってできた地形を何というか。

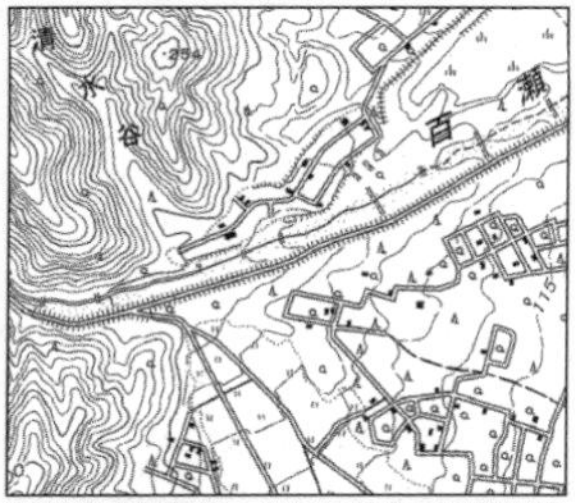

(国土地理院発行：2万5千分の1地形図)

6 扇状地《せんじょうち》
水はけがよく，果樹栽培《かじゅさいばい》に適している。

地域の調査方法

□ 7 身近な地域の調査を行うとき，まず最初に決めることは何か。

7 (調査)テーマ

□ 8 調べた情報をまとめるとき，数や量を比べるのに適したグラフは何か。

8 棒グラフ

□ 9 調べた情報をまとめるとき，割合を表すのに適したグラフは何か。

9 円グラフ［帯グラフ］

ぷちトク! 地形図の読み取りのコツ

① 実際の距離を求める計算式→「地図上の長さ×縮尺の分母」
② 2万5千分の1地形図→主曲線(細い線)は10mごとに引かれている。
③ 等高線→間隔《かんかく》がせまいほど傾斜《けいしゃ》は急になる。

地理

11 日本の自然環境

出る率

地形・気候から見た日本の特色

□ **1** 日本列島が属《ぞく》する造山帯を何というか。	**1** 環太平洋《かんたいへいよう》造山帯
★ □ **2** もともと山地の谷であった部分に，海水が入りこんでできた，出入りの複雑な海岸地形を何というか。	**2** リアス海岸 天然の漁港として利用される。
□ **3** おもに５～７月にかけて，北海道をのぞく日本各地で雨が続く状態を何というか。	**3** 梅雨《つゆ》《ばいう》
★ □ **4** 川が海や湖に流れ出る河口に土砂《どしゃ》が積もってできる地形を何というか。	**4** 三角州《さんかくす》
□ **5** 日本の近海を流れるA・Bの海流を何というか。	**5** A 親潮《おやしお》［千島《ちしま》海流］ B 対馬《つしま》海流
□ **6** 日本列島周辺に広がる，深さ200mまでのゆるやかに傾斜《けいしゃ》する海底地形を何というか。	**6** 大陸棚《たいりくだな》
□ **7** 日本の気候区分のうち，冬に降水量が多い気候を何というか。	**7** 日本海側の気候

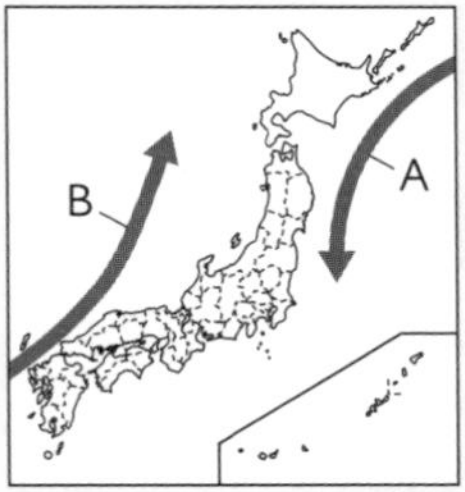

自然災害への取り組み

★ □ **8** 海底で地震《じしん》が起こったときなどに海洋で発生する，波長の長い波を何というか。	**8** 津波《つなみ》
★ □ **9** 自然災害の被害《ひがい》を予測し，避難経路《ひなんけいろ》や避難場所などを示した地図を何というか。	**9** ハザードマップ［防災《ぼうさい》マップ］ 市町村などが作成している。

ぷちトク！ 災害への対応

① 自助…自分自身や家族で取り組む。 ② 共助…地域で皆で協力して助け合う。
③ 公助…国や自治体が取り組む。

地理

12 日本の人口・資源・エネルギー

出る率

日本の人口

解答

□ **1** 人口が急増する現象を何というか。

1 人口爆発

□ **2** 都市部へ，人口や産業が過度に集中している状態を何というか。

2 過密（化）

★ □ **3** 農村部などで，人口減少により社会生活の維持《いじ》が困難になる状態を何というか。

3 過疎《かそ》（化）

★ □ **4** 子どもの数が減少し，高齢《こうれい》者の割合が増えている人口問題を何というか。

4 少子高齢化
世界の国々に比べて，日本はとくに進行している。

日本の資源とエネルギー

□ **5** 石油や石炭，鉄鉱石など，エネルギー源や工業の原料になる鉱物を何というか。

5 鉱産資源

□ **6** 西アジアのペルシャ湾岸《わんがん》で産出量が多い**5**は何か。

6 石油［原油］

★ □ **7** 右の図のA，Bにあてはまる発電方法はそれぞれ何か。

日本の発電量の内訳

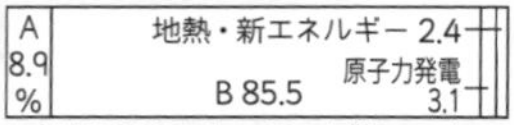

※合計が100%になるように調整していない。
（2017年）（『世界国勢図会 2020/21』）

7 A 水力発電
川の上流部に多い。
B 火力発電
臨海部に多い。

□ **8** 繰《く》り返し利用できる風力，地熱，太陽光などのエネルギーを何というか。

8 再生可能エネルギー

□ **9** **8**のエネルギーが対策の１つになるとされる，地球の気温が上昇《じょうしょう》していく現象を何というか。

9 地球温暖化

□ **10** **8**のようなエネルギーなどを利用して，現在の世代の要求を満たし，将来の世代の利益も損《そこ》なわないようにしていく社会を何というか。

10 持続可能な社会

ぷちトク！ 覚えておきたい日本の資源の輸入先

（石油）サウジアラビア，アラブ首長国連邦《れんぽう》など

（石炭）オーストラリア，インドネシアなど

（鉄鉱石）オーストラリア，ブラジルなど

地理

13 日本の産業・交通・通信

出る率

日本の産業

解答

□ **1** 農業・林業・漁業は第何次産業か。

1 第1次産業

□ **2** 商業・サービス業は第何次産業か。

2 第3次産業

★ □ **3** 大都市の周辺部で，大都市の消費者向けに野菜や果物，花などを生産する農業を何というか。

3 近郊《きんこう》農業

□ **4** 魚や貝などを，人工的な池で大きくなるまで育てる漁業を何というか。

4 養殖《ようしょく》漁業［養殖業］

★ □ **5** 工業が発達した，右の図のXの地域を何というか。

5 太平洋《たいへいよう》ベルト

□ **6** 日本が行ってきた，原料や燃料を輸入して機械などの工業製品を輸出する貿易を何というか。

6 加工貿易
現在は，工業製品の輸入も増えている。

□ **7** 海外に工場をつくって現地で生産することで，国内の産業が衰退《すいたい》する現象を何というか。

7 産業の空洞《くうどう》化

日本の交通・通信

★ □ **8** 航空機輸送に適切なものは次のうちどれか。
〔IC(集積回路)　自動車　石油　石炭〕

8 IC(集積回路)
軽量・小型・高価なもの，鮮度が重要なものは空路。

□ **9** 通信ケーブルや通信衛星の開発によって，通信の高速化が進んだネットワークを何というか。

9 情報通信網《もう》［高速通信網］

□ **10** 国際線の乗りかえの拠点《きょてん》となっている空港を何というか。

10 ハブ空港

ぷちトク！ 日本の工業地域の変化

① 原料・製品の輸送に便利な臨海部《りんかいぶ》に発展。→交通網の発達で内陸部に進出。
② 生産コストが安い海外へ工場が移転。→国内で産業の空洞化が進む。

地理

14 九州地方

出る率

自然と沖縄の土地利用

解答

□ **1** 阿蘇山《あそさん》に見られる，噴火《ふんか》によってできたくぼんだ地形を何というか。

1 カルデラ

★□ **2** 九州地方は火山が多いことからどのような発電がさかんであるか。

2 地熱《ちねつ》発電

★□ **3** 九州南部には，火山灰などが積もってできた(　　)が広がっている。

3 シラス台地［シラス］
水持ちが悪く稲作《いなさく》に不向き。

□ **4** 沖縄島の土地の約15％をしめるのは，どこの国の，軍の施設《しせつ》か。

4 アメリカ(合衆国《がっしゅうこく》)

産業

★□ **5** 右の図のA，Bに共通してあてはまる県は，それぞれどこか。

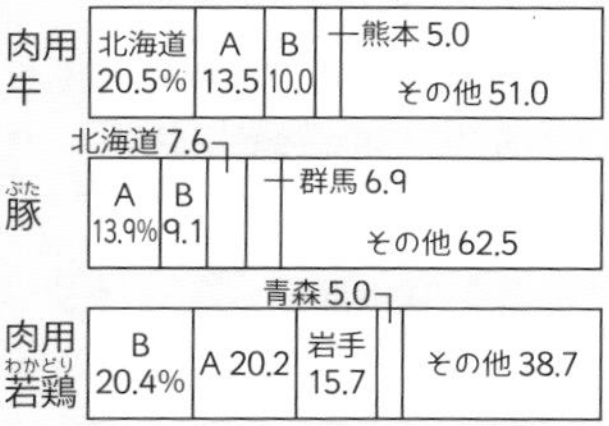

(2019年)　(『日本国勢図会 2020/21』)

5 A 鹿児島(県)
B 宮崎(県)

□ **6** 北九州市を中心に発展した，鉄鋼業がさかんであった工業地帯(地域)を何というか。

6 北九州工業地帯
［北九州工業地域］

□ **7** 九州地方に重工業が発展するきっかけとなった，20世紀の初めに操業《そうぎょう》が開始された官営工場を何というか。

7 (官営)八幡《やはた》製鉄所

□ **8** 1970年代以降，九州地方の高速道路沿いに多く建てられた工場は，次のうちどれか。
〔食料品　石油化学　自動車　金属〕

8 自動車
IC(集積回路)工場も多い。

ぷちトク！ 九州の農業のポイント

北部　筑後《ちくご》川流域で稲作がさかん。

南部　シラス台地で畜産《ちくさん》と畑作がさかん。

宮崎平野　促成栽培《そくせいさいばい》がさかん。
(きゅうりやピーマンなど)

地理

15 中国・四国地方

出る率

地域と自然

解答

□ 1 中国・四国地方をさらに細かく3つに分けると，瀬戸内《せとうち》，南四国とあと1つを何というか。

1 山陰《さんいん》

★ □ 2 右の図の松江《まつえ》市の気候に影響《えいきょう》する，冬に北西からふく風を何というか。

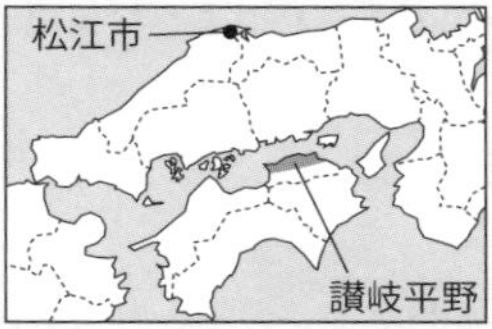

2 季節風［モンスーン］
松江市は，冬に降水量が多い，日本海側の気候。

□ 3 降水量が少ない讃《さぬ》岐《き》平野で多く見られる，水不足を防ぐためにつくられたものは何か。

3 ため池

産業と結びつき

★ □ 4 高知平野でさかんな，温暖《おんだん》な気候やビニールハウスなどの施設《しせつ》を利用して出荷時期を早める栽《さい》培《ばい》方法を何というか。

4 促成《そくせい》栽培
高知平野では，なすやピーマンの栽培がさかん。

★ □ 5 石油化学工業がさかんな，瀬戸内海《せとないかい》周辺の工業地域を何というか。

5 瀬戸内工業地域

□ 6 中国・四国地方の中心都市で，平和記念都市として世界に平和を訴《うった》えている都市はどこか。

6 広島市
世界で最初の被爆《ひばく》都市。

□ 7 山間部や離島《りとう》では（ a ）化が進み，観光や特産物による（ b ）が続けられている。

7 a 過疎《かそ》
b 地域［町・村］おこし

□ 8 四国と本州を橋で結ぶ，右の図の3つのルートの総称《そうしょう》を何というか。

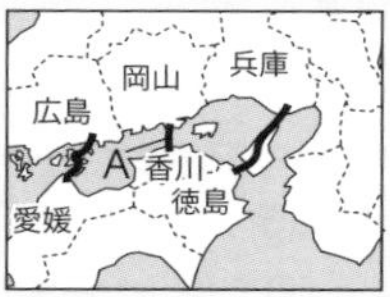

8 本州四国連絡橋《れんらくきょう》

□ 9 右の図のAのルートを何というか。

9 児島《こじま》・坂出《さかいで》ルート
［瀬戸大橋］

ぷちトク！ 瀬戸内海沿岸の工業地域

石油化学コンビナート（石油関連工場が集まる地域）や製鉄所など重工業が発達。
→おもなコンビナート：水島《みずしま》（岡山県倉敷《くらしき》市），徳山《とくやま》（山口県周南《しゅうなん》市），岩国《いわくに》（山口県）。

地理

16 近畿地方

出る率

自然と都市

□ 1 右の図のAの湖とBの山地を何というか。

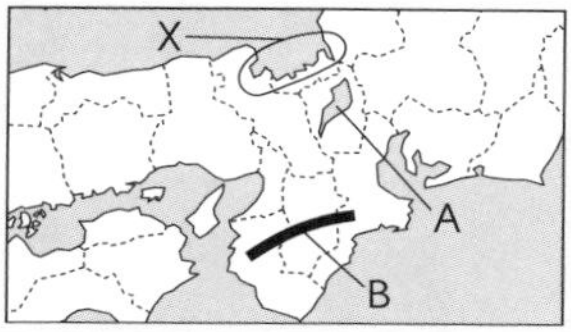

★ □ 2 右の図のXに見られる，海岸が複雑に入り組んだ地形を何というか。

□ 3 大阪や神戸《こうべ》，京都，奈良を中心に広がる大都市圏《けん》を何というか。

□ 4 **3**で過密《かみつ》を解消するために，大阪府の千里《せんり》や泉北《せんぼく》に建設されたものは何か。

産業・文化

★ □ 5 和歌山県で栽培《さいばい》がさかんな農作物は，次のうちどれか。

〔りんご　さくらんぼ　なし　みかん〕

★ □ 6 大阪湾沿岸に広がる，金属工業や化学工業などがさかんな工業地帯を何というか。

□ 7 京都の西陣織《にしじんおり》や京友禅《きょうゆうぜん》など，地域で生産される原料と，昔から伝わる伝統的な技術によってつくられる工業製品を何というか。

□ 8 大阪は，商業がさかんなことから，江戸《えど》時代に何とよばれていたか。

□ 9 京都や奈良は，かつて都が置かれ，長いあいだ日本の政治や文化の中心地であったことから，何とよばれているか。

解答

1 A 琵琶湖《びわこ》
日本最大の湖。
B 紀伊《きい》山地
林業がさかん。

2 リアス海岸
三陸《さんりく》海岸南部や志摩《しま》半島の英虞湾《あごわん》でも見られる。

3 京阪神《けいはんしん》大都市圏
［大阪大都市圏］

4 ニュータウン

5 みかん
静岡県や愛媛県でもさかん。

6 阪神工業地帯
内陸部には中小工場も多い。

7 伝統的工芸品

8 天下の台所

9 古都

ぷちトク！ 京都と言えばコレ

① 碁盤《ごばん》の目のような道路(条坊《じょうぼう》制)。町家《まちや》。多くの文化財や国宝。世界文化遺産。

② 景観保全の取り組み。←建物の高さやデザインを条例で制限。

地理

17 中部地方

出る率

自然と農業

★ □ 1 右の図のXの山脈をまとめて何というか。

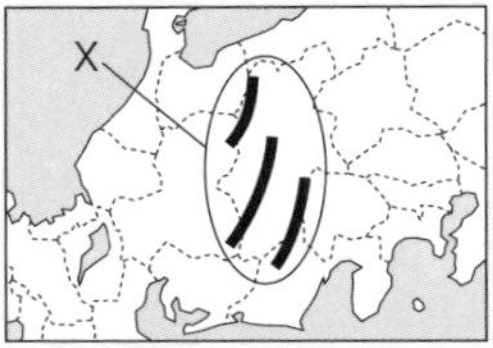

□ 2 中部地方をさらに3つに分けると，北陸《ほくりく》，中央高地《ちゅうおうこうち》とあと1つを何というか。

□ 3 新潟県に広がる，稲作《いなさく》がさかんな平野を何というか。

★ □ 4 八ケ岳《やつがたけ》や浅間山《あさまやま》などで，すずしい気候を生かして栽培《さいばい》される高原野菜は，次のうちどれか。
〔きゅうり　ピーマン　レタス　なす〕

□ 5 愛知県の渥美《あつみ》半島などでさかんな，温室やビニールハウスを用いた農業を何というか。

産業

★ □ 6 愛知県や三重県などに広がる，日本でもっとも工業出荷額が多い工業地帯を何というか。

★ □ 7 6の工業地帯にふくまれる，豊田《とよた》市や岡崎《おかざき》市でもっともさかんな工業は，次のうちどれか。
〔窯業《ようぎょう》　石油化学工業　自動車工業〕

□ 8 静岡県の太平洋沿岸に広がる，オートバイや楽器の製造，製紙・パルプ工業がさかんな工業地域を何というか。

□ 9 輪島塗《わじまぬり》や加賀友禅《かがゆうぜん》など，北陸で冬のあいだの農家の副業から始まった産業を何というか。

解答

1 日本アルプス
北から飛驒《ひだ》山脈，木曽《きそ》山脈，赤石《あかいし》山脈。

2 東海《とうかい》

3 越後《えちご》平野
水田単作《たんさく》地帯である。

4 レタス
関東地方の大都市などに出荷される。

5 施設《しせつ》園芸農業
渥美半島では菊《きく》の電照《でんしょう》栽培がさかん。

6 中京《ちゅうきょう》工業地帯

7 自動車工業
関連工場も多く集まっている。

8 東海工業地域

9 伝統産業［地場産業］

ぷちトク！ 銘柄米《めいがらまい》と早場米《はやばまい》

① 銘柄米は，銘柄(産地・品種など)が確かな米。ブランド米ともいう。
② 早場米は，秋の長雨をさけて早い時期に出荷する米。

地理

18 関東地方

出る率

自然と都市

解答

★ □ **1** 関東平野に流れる，日本でもっとも流域面積が大きい川を何というか。

1 利根川《とねがわ》

□ **2** 関東平野に広がる，火山灰などが積もってできた赤土を何というか。

2 関東ローム

★ □ **3** 東京の都心部などで見られる，周辺地域よりも気温が高くなる現象を何というか。

3 ヒートアイランド現象

□ **4** 国会議事堂や中央官庁など，日本を動かす中枢《ちゅうすう》機能が集中している東京は，何とよばれているか。

4 首都
企業《きぎょう》の本社や本店も多い。

産業

□ **5** 群馬県嬬恋《つまごい》村などで行われている，キャベツやレタスなどの高原野菜を，保冷車や高速道路などを利用して，遠くの大都市へ出荷する農業を何というか。

5 輸送園芸農業

★ □ **6** 東京都や神奈川県に広がる，機械工業がさかんな工業地帯を何というか。

6 京浜《けいひん》工業地帯

★ □ **7** 群馬や茨城，栃木の各県で高速道路周辺に工業団地をつくり工場を誘致《ゆうち》したことで，内陸部に発展した工業地域を何というか。

7 北関東《きたかんとう》工業地域

□ **8** 千葉県の東京湾臨海部《わんりんかいぶ》を中心に広がる，石油化学工業がさかんな工業地域を何というか。

8 京葉《けいよう》工業地域

□ **9** 日本の空の玄関《げんかん》であり，日本有数の貿易港である右の図のXの空港を何というか。

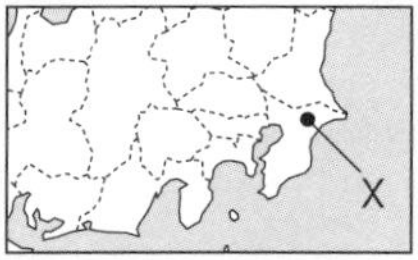

9 成田《なりた》国際空港
貿易総額は日本最大。

ぷちトク！ 昼間人口と夜間人口

① 昼間人口はある地域の昼間の人口。通勤《つうきん》・通学により都心部で多くなる。

② 夜間人口はある地域の夜間の人口。郊外《こうがい》の都市で多くなる。

地理

19 東北地方

出る率

自然

解答

□ **1** 右の図のXの山脈を何というか。

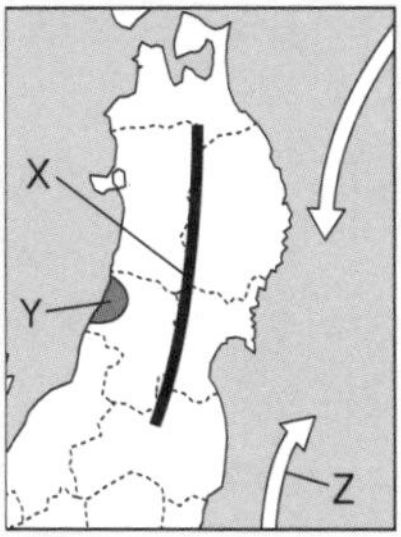

1 奥羽《おうう》山脈

★ □ **2** 稲作《いなさく》がさかんに行われている，右の図のYの平野を何というか。

2 庄内《しょうない》平野
山形県に広がる平野。

□ **3** 右の図のZの海流を何というか。

3 黒潮《くろしお》［日本海流］

★ □ **4** 夏に東北地方の太平洋《たいへいよう》側にふく，冷たく湿《しめ》った北東の風を何というか。

4 やませ

□ **5** **4**などの影響《えいきょう》で，稲《いね》などの農作物が十分に育たない現象を何というか。

5 冷害《れいがい》

産業と文化

★ □ **6** 右の図のA，Bにあてはまる農作物は，次のうちそれぞれどれか。

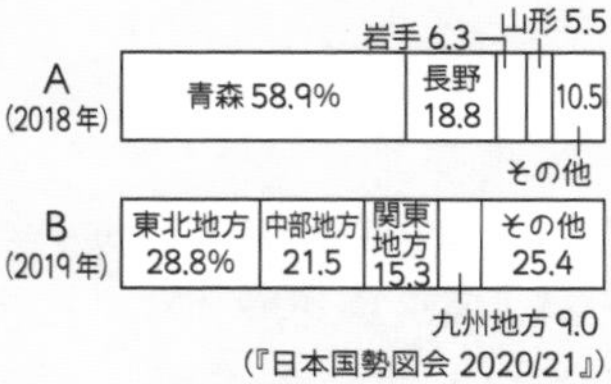

(『日本国勢図会 2020/21』)

〔りんご　小麦　米　みかん〕

6 A りんご
津軽《つがる》平野で栽培《さいばい》がさかん。
B 米

★ □ **7** 三陸《さんりく》海岸沖で，暖流と寒流がぶつかり，多くの魚が集まる豊かな漁場となっている場所を何というか。

7 潮目《しおめ》［潮境《しおざかい》］

□ **8** 東北地方の県のうち，例年8月にねぶた祭が行われているのはどこか。

8 青森県

ぷちトク！ 東北地方のポイント

① 交通網《もう》(高速道路や新幹線)の整備。→沿線に自動車工場やIC工場が進出。
② 伝統的工芸品(津軽塗《つがるぬり》，南部《なんぶ》鉄器，宮城伝統こけし)，民俗《みんぞく》行事(なまはげ)・祭り。

地理

20 北海道地方

出る率

自然と歴史

□ 1 毎年1～3月ごろ，オホーツク海沿岸に流れ着く氷のかたまりを何というか。

□ 2 太平洋《たいへいよう》側で発生する，夏の季節風が寒流の親潮《おやしお》(千島《ちしま》海流)により冷やされて起こる自然現象を何というか。

★ □ 3 北海道が属する気候帯は何か。

□ 4 かつて狩《か》りや採集で生活していた，北海道の先住民族を何というか。

□ 5 明治《めいじ》時代に，北海道の開拓《かいたく》と北方の警備を行うため，北海道へ移住した人々を何というか。

産業

★ □ 6 稲作《いなさく》がさかんな，右の図のAの平野を何というか。

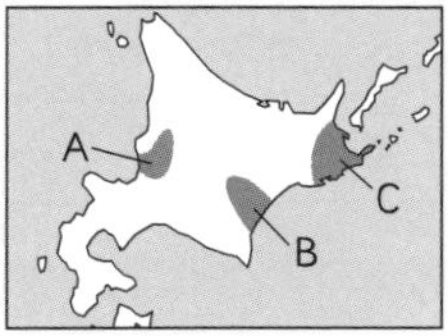

★ □ 7 畑作がさかんな，右の図のBの平野を何というか。

★ □ 8 酪農《らくのう》がさかんな，右上の図のCの台地を何というか。

□ 9 かつてさかんであった，ロシア沿岸やアラスカ沿岸の海でさけなどをとる漁業を何というか。

□ 10 北海道で世界自然遺産に登録されているのはどこか。

解答

1 流氷

2 濃霧《のうむ》
日照をさえぎるため，夏の気温が上がらない。

3 冷帯［亜《あ》寒帯］

4 アイヌ(の人々)
［アイヌ民族］

5 屯田兵《とんでんへい》

6 石狩《いしかり》平野

7 十勝《とかち》平野
小麦やじゃがいも，てんさい，あずきなどを栽培《さいばい》。

8 根釧《こんせん》台地

9 北洋漁業

10 知床《しれとこ》(半島)

ぷちトク！ 北海道の観光業

① 歴史的な町なみを生かした観光。→函館《はこだて》市や小樽《おたる》市など。

② 貴重な自然を生かした観光。→知床やニセコなど。

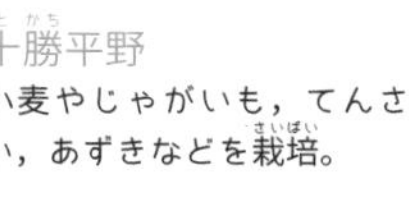

地理

ぷち まとめ　まとめて確認したい地域の分布

ヨーロッパの農業地域

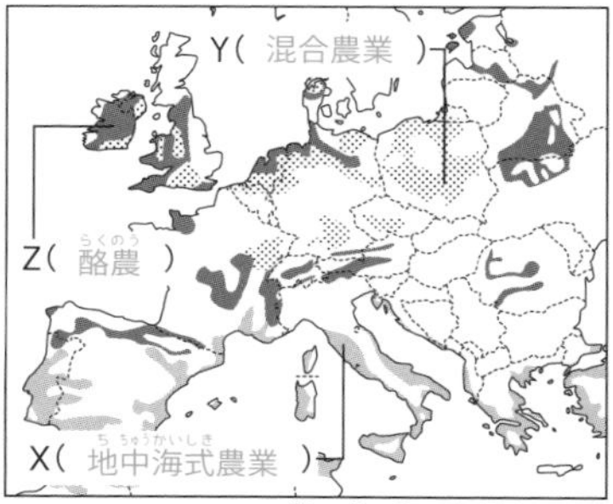

（Seydlitz Projekt Erde ほか）

X…夏にオリーブや果物，冬に小麦を栽培《さいばい》

Y…家畜《かちく》の飼育と穀物栽培

Z…乳牛を飼育して，生乳や乳製品を生産

南北アメリカの平野・森林

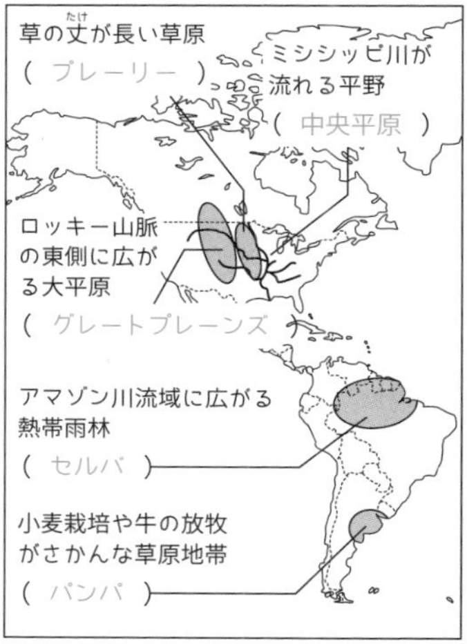

日本の工業地帯・工業地域

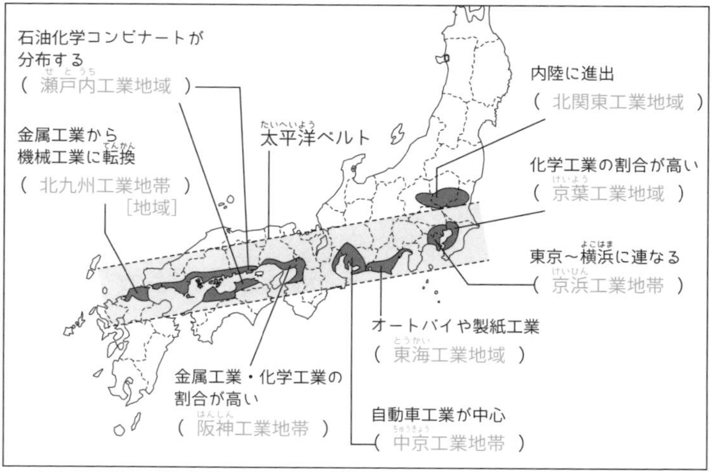

人類のおこりと世界の古代文明

人類の誕生

解答

□ 1 今から約700万年～600万年前にアフリカに現れた，もっとも古い人類を何というか。

1 猿人《えんじん》

□ 2 1の人類が使用していた，石を打ち欠いてつくった石器《せっき》を何というか。

2 打製《だせい》石器

□ 3 今から約20万年前に現れた，現在の人類の直接の祖先を何というか。

3 新人《しんじん》［ホモ・サピエンス］

★ □ 4 新石器時代につくられた，表面をみがいた石器を何というか。

4 磨製《ませい》石器

世界の古代文明

□ 5 右の図のA，Bの地域で誕生した古代文明を何というか。

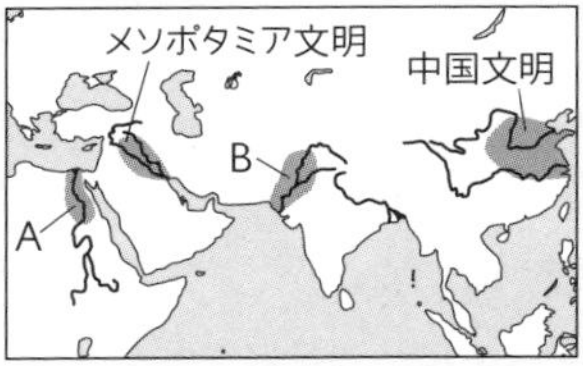

5 A エジプト文明
B インダス文明

□ 6 メソポタミア文明でつくられた文字を何というか。

6 くさび形文字

★ □ 7 中国の殷《いん》で使われ，漢字のもとになった右の文字を何というか。

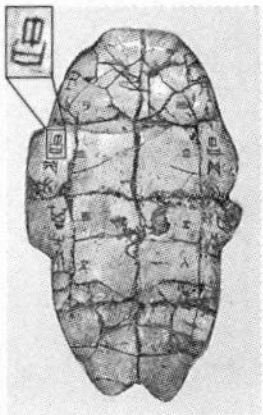

7 甲骨《こうこつ》文字
亀《かめ》の甲《こう》や牛の骨に刻まれた。

★ □ 8 漢《かん》の時代に東方と西方を結んだ交易路を何というか。

8 シルクロード［絹《きぬ》の道］

□ 9 紀元前8世紀，地中海各地で生まれた都市国家を何というか。

9 ポリス

ぷちトク！ 4つの古代文明の共通点

	エジプト文明	中国文明	インダス文明	メソポタミア文明
大河流域	ナイル川	黄河《こうが》《ホワンホー》・長江《ちょうこう》《チャンチアン》	インダス川	チグリス川・ユーフラテス川
文字発明	象形文字	甲骨文字	インダス文字	くさび形文字

歴史

22 日本の古代国家のあゆみ

出る率

日本列島の誕生～弥生時代

解答

□ 1 最後の氷期が終わり，現在の日本列島が誕生したのは，約何万年前か。

1 約1万年前

★ □ 2 **1**のころにつくられた，厚手で黒褐色《こくかっしょく》で，表面に縄目《なわめ》の文様《もんよう》がある土器《どき》を何というか。

2 縄文土器《じょうもん》

□ 3 縄文時代の終わりごろに大陸から伝わり，金属器とともに人々の生活を変えたものは何か。

3 稲作《いなさく》

□ 4 **3**が伝わったころにつくられた，薄手《うすで》で赤褐色《せきかっしょく》で，かための土器を何というか。

4 弥生土器《やよい》

★ □ 5 3世紀前半に，中国の魏《ぎ》に使いを送った，邪馬《やま》《やま》台国《たいこく》《と》の女王はだれか。

5 卑弥呼《ひみこ》

『魏志《ぎし》』倭人伝《わじんでん》に記されている。

古墳時代

□ 6 3世紀後半に奈良盆地《ぼんち》にうまれた，近畿《きんき》地方の豪族《ごうぞく》を中心とした政権を何というか。

6 大和《やまと》政権［ヤマト王権］

王は大王《おおきみ》《だいおう》とよばれていた。

□ 7 3世紀後半から6世紀末までに全国各地でつくられた，王や豪族の墓を何というか。

7 古墳《こふん》

□ 8 **7**のまわりに置かれた，人や馬などをかたどった素焼《すや》きの土製品を何というか。

8 埴輪《はにわ》

□ 9 右の図は5世紀の朝鮮《ちょうせん》半島である。A，Bの国を何というか。

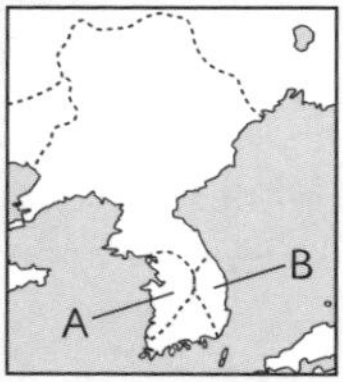

9 A 百済《くだら》(ペクチェ)

B 新羅《しらぎ》(シルラ)

★ □ 10 朝鮮半島や中国から日本へ移り住み，さまざまな技術を伝えた人々を何というか。

10 渡来人《とらいじん》

漢字や儒学《じゅがく》(儒教)，仏教《ぶっきょう》，須恵器《すえき》をつくる技術などが伝えられた。

ぷちトク！ まちがえやすい中国の歴史書

① 倭《わ》(日本)に100余りの国があったと伝える(紀元前1世紀ごろ)『漢書《かんじょ》』地理志《ちりし》。

② 奴国《なこく》《なのくに》の王が漢《かん》(後漢《ごかん》)から金印《きんいん》を授《さず》けられたと伝える(1世紀)『後漢書《ごかんじょ》』東夷伝《とういでん》。

23 律令国家への道

出る率

飛鳥時代

解答

- ☐ **1** 推古天皇《すいこてんのう》のおいで摂政《せっしょう》になり，蘇我《そが》氏とともに，天皇中心の政治のしくみをめざしたのはだれか。
  - **1** 聖徳太子《しょうとくたいし》［厩戸皇子《うまやどのおうじ》，厩戸王《うまやとおう》］
- ☐ **2** **1**の人物が定めた，仏教《ぶっきょう》や儒学《じゅがく》(儒教)の考えを取り入れた法令を何というか。
  - **2** 十七条《じゅうしちじょう》の憲法《けんぽう》
    役人の心構えを示した。
- ★ ☐ **3** 645年に，中大兄皇子《なかのおおえのおうじ》と中臣鎌足《なかとみのかまたり》らが蘇我氏をたおし，天皇中心の政治のしくみを整えようとした改革を何というか。
  - **3** 大化《たいか》の改新《かいしん》
    豪族《ごうぞく》が支配していた土地や人民を，国が直接支配する公地《こうち》・公民《こうみん》が示された。
- ★ ☐ **4** 701年に中国の唐《とう》にならってつくられた法律を何というか。
  - **4** 大宝律令《たいほうりつりょう》

奈良時代

- ★ ☐ **5** 710年に，奈良につくられた都を何というか。
  - **5** 平城京《へいじょうきょう》《へいぜいきょう》
- ☐ **6** 律令《りつりょう》政治において，収穫量《しゅうかくりょう》の約3%にあたる稲《いね》を納める負担を何というか。
  - **6** 租《そ》
- ★ ☐ **7** 743年に制定された，新しく開墾《かいこん》した土地の私有を認めた法令を何というか。
  - **7** 墾田永年私財法《こんでんえいねんしざいのほう》
    この法令で，貴族や寺社は私有地(荘園《しょうえん》)を広げた。
- ☐ **8** 聖武《しょうむ》天皇の遺品や，遣唐使《けんとうし》が持ち帰った品物をおさめていた，右の建物を何というか。

  - **8** 正倉院《しょうそういん》(正倉)
- ☐ **9** 奈良時代の末にまとめられた，日本でもっとも古い和歌集を何というか。
  - **9** 万葉集《まんようしゅう》
    農民や防人《さきもり》の歌もある。

ぷちトク！ 飛鳥《あすか》文化と天平《てんぴょう》文化

① 飛鳥文化は日本で初めての仏教文化。聖徳太子が法隆寺《ほうりゅうじ》を建てた。

② 天平文化は国際的な文化。遣唐使が西アジアやインドの道具や楽器を伝えた。

歴史

24 貴族の政治と武士の成長

出る率

貴族による政治

□ 1 794年に，桓武天皇《かんむてんのう》によって京都につくられた都を何というか。

□ 2 坂上田村麻呂《さかのうえのたむらまろ》が蝦夷《えみし》を平定するために任命された役職を何というか。

□ 3 中国から帰国した最澄《さいちょう》が伝えた仏教《ぶっきょう》の宗派を何というか。

★ □ 4 藤原道長《ふじわらのみちなが》・頼通《よりみち》のとき最盛期となった，自分の娘《むすめ》を天皇のきさきにし，うまれた子を天皇に立てて，自分は摂政《せっしょう》・関白《かんぱく》となり実権をにぎる政治を何というか。

□ 5 藤原頼通が建てた右の建物を何というか。

★ □ 6 平安時代に栄えた，日本の生活や風土，日本人の考え方に合った文化を何というか。

□ 7 6の文化が栄えたころ，紫式部《むらさきしきぶ》が書いた小説を何というか。

武士の成長

★ □ 8 有力な武士団として，天皇の子孫である，平氏《へいし》と(　　)が力をのばした。

□ 9 東北地方の平泉《ひらいずみ》(岩手県)を拠点《きょてん》として勢力をのばした武士の一族を何というか。

解答

1 平安京《へいあんきょう》

2 征夷大将軍《せいいたいしょうぐん》

3 天台宗《てんだいしゅう》

4 摂関政治《せっかんせいじ》

5 平等院鳳凰堂《びょうどういんほうおうどう》
浄土信仰《じょうどしんこう》が広まった11世紀中ごろに，京都の宇治《うじ》に建《こん》立《りゅう》された阿弥陀堂《あみだどう》。

6 国風《こくふう》文化

7 源氏《げんじ》物語

8 源氏

9 奥州《おうしゅう》藤原氏
中尊寺金色堂《ちゅうそんじこんじきどう》を建てた。

ぷちトク！ 平安時代の新仏教

① 空海《くうかい》は高野山《こうやさん》に金剛峯寺《こんごうぶじ》を建てて真言《しんごん》宗を広めた。 ゴロ！ 〔真空パックに高野豆腐《どうふ》〕

② 最澄は比叡山《ひえいざん》に延暦寺《えんりゃくじ》を建てて天台宗を広めた。 ゴロ！ 〔天才(天最)比叡《ひえ》～〕

歴史

25 鎌倉幕府の成立

出る率

平安時代の末期

解答

★ □ ❶ 1086年に白河上皇《しらかわじょうこう》が始めた，天皇《てんのう》の位をゆずって上皇となったあと，摂政《せっしょう》や関白《かんぱく》の力をおさえて行った政治を何というか。

❶ 院政《いんせい》

□ ❷ 武士として初めて太政大臣《だいじょうだいじん》となって政治の実権をにぎり，中国の宋《そう》との貿易をさかんに行った人物はだれか。

❷ 平清盛《たいらのきよもり》

□ ❸ 現在の山口県で起こった，源氏《げんじ》が平氏《へいし》をほろぼした戦いを何というか。

❸ 壇ノ浦《だんのうら》の戦い

鎌倉時代の政治と文化

★ □ ❹ 源 頼朝《みなもとのよりとも》は国ごとに（ a ），荘園《しょうえん》や公領ごとに（ b ）を置いた。

❹ a 守護《しゅご》
b 地頭《じとう》

□ ❺ 鎌倉幕府《かまくらばくふ》は，将軍の（ a ）に対し，御家人《ごけにん》が（ b ）する主従関係で成り立った。

❺ a 御恩《ごおん》
b 奉公《ほうこう》

★ □ ❻ 後鳥羽《ごとば》上皇が倒幕《とうばく》の兵をあげたことがきっかけで起こった戦いを何というか。

❻ 承久《じょうきゅう》の乱《らん》

★ □ ❼ 1232年に執権《しっけん》の北条泰時《ほうじょうやすとき》が制定した，裁判の判断基準を定めた法律を何というか。

❼ 御成敗式目《ごせいばいしきもく》［貞永《じょうえい》式目］
武士の法律の手本となった。

□ ❽ 東大寺南大門《とうだいじなんだいもん》に置かれた右の像を何というか。

❽ 金剛力士像《こんごうりきしぞう》
運慶《うんけい》らによってつくられた。

□ ❾ 親鸞《しんらん》が新しく開いた仏教の宗派を何というか。

❾ 浄土真宗《じょうどしんしゅう》［一向宗《いっこうしゅう》］

□ ❿ 中国から伝わった，座禅《ざぜん》によって，さとりを開く仏教の宗派を何というか。

❿ 禅宗《ぜんしゅう》
栄西《ようさい》《えいさい》や道元《どうげん》が伝えた。

ぷちトク！ 北条氏の支配

① 将軍を補佐《ほさ》する執権となって政治の実権をにぎった（執権政治）。

② 承久の乱後に六波羅探題《ろくはらたんだい》を設けて，朝廷《ちょうてい》の監視《かんし》・西国の武士の統制を行った。

歴史

26 鎌倉幕府のおとろえと室町幕府

出る率

鎌倉幕府の滅亡

□ 1 中国の元《げん》が，九州北部に2度攻《せ》めてきたできごとを何というか。

□ 2 ❶のときの鎌倉幕府《かまくらばくふ》の執権《しっけん》はだれか。

□ 3 1297年に幕府が出した，御家人《ごけにん》の借金を帳消しにするきまりを何というか。

□ 4 鎌倉幕府がほろんだあと，後醍醐天皇《ごだいごてんのう》が始めた政治を何というか。

室町幕府と室町文化

□ 5 1338年に朝廷《ちょうてい》から征夷大将軍《せいいたいしょうぐん》に任命され，室《むろ》町《まち》幕府を開いた人物はだれか。

□ 6 足利義満《よしみつ》が始めた，右の札を用いて中国と行った貿易を何というか。

□ 7 この時代の農民の自治組織を何というか。

□ 8 1467年に将軍のあとつぎ問題と，守護大名《しゅごだいみょう》の対立により起きた戦乱を何というか。

□ 9 観阿弥《かんあみ》・世阿弥《ぜあみ》が大成した芸能は何か。

□ 10 足利義満が京都の北山《きたやま》に建てた別荘《べっそう》を何というか。

□ 11 足利義政《よしまさ》が京都の東山《ひがしやま》に建てた別荘を何というか。

□ 12 ⓫と同じ敷地《しきち》にある東求堂同仁斎《とうぐどうどうじんさい》に代表される，床《とこ》の間《ま》やふすま，障子《しょうじ》，畳《たたみ》敷《じ》きなどを特徴《とくちょう》とする建築様式を何というか。

解答

1 元寇《げんこう》［蒙古襲来《もうこしゅうらい》］
フビライ＝ハンが派兵。

2 北条時宗《ほうじょうときむね》

3 (永仁《えいにん》の)徳政令《とくせいれい》

4 建武《けんむ》の新政《しんせい》

5 足利尊氏《あしかがたかうじ》

6 勘合《かんごう》貿易［日明《にちみん》貿易］
倭寇《わこう》とよばれる海賊《かいぞく》と，正式な貿易船を区別するための札。

7 惣《そう》［惣村］

8 応仁《おうにん》の乱《らん》
戦乱は全国に広がった。

9 能《のう》［能楽《のうがく》］

10 金閣《きんかく》

11 銀閣《ぎんかく》

12 書院造《しょいんづくり》

ぷちトク！ 元軍を退けても鎌倉幕府がほろびたワケ

① 元軍らの火薬兵器・集団戦法に苦しむも撃退《げきたい》。→領地が得られず，恩賞が不足した。

② 借金の帳消しも効果はなく武士の不満が高まる。→後醍醐天皇が兵をあげた。

歴史

27 ヨーロッパ人の海外進出と全国統一

出る率

中世ヨーロッパと日本

解答

☐ 1 エルサレム奪回《だっかい》をめざして，ヨーロッパ諸国が組織した軍隊を何というか。

1 十字軍《じゅうじぐん》
ローマ教皇《きょうこう》がよびかけた。

★ ☐ 2 イタリアから始まった，古代ギリシャやローマの文化を見直す風潮を何というか。

2 ルネサンス
[文芸復興]

★ ☐ 3 免罪符《めんざいふ》を売り出したローマ教皇を批判して，ルターらが始めた運動を何というか。

3 宗教改革

☐ 4 スペインの援助《えんじょ》を受け，1492年に西インド諸島に到達《とうたつ》した人物はだれか。

4 コロンブス

☐ 5 1543年，中国船に乗ったポルトガル人が漂着《ひょうちゃく》し，日本に鉄砲《てっぽう》を伝えた島はどこか。

5 種子島《たねがしま》

★ ☐ 6 1549年，日本にキリスト教を伝えたカトリック教会のイエズス会の宣教師はだれか。

6 (フランシスコ＝)ザビエル

全国統一へのあゆみ

☐ 7 織田信長《おだのぶなが》が商業振興《しんこう》のため，座《ざ》の廃止《はいし》や税の免除《めんじょ》を行った政策(法令)を何というか。

7 楽市《らくいち》・楽座《らくざ》(令)

★ ☐ 8 豊臣秀吉《とよとみひでよし》が行った，右の図のような全国の田畑の面積や土地のよしあしを調べた政策を何というか。

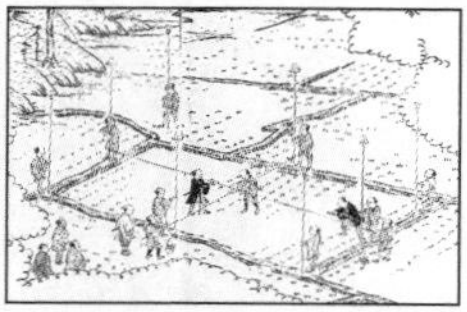

8 太閤検地《たいこうけんち》
土地の耕作者に所有権を認め，年貢《ねんぐ》を納める義務を負わせた。

☐ 9 織田信長や豊臣秀吉が活躍《かつやく》したころに栄えた，大《だい》名《みょう》や大商人を中心とした豪華《ごうか》な文化を何というか。

9 桃山《ももやま》文化

☐ 10 わび茶を完成させた，堺《さかい》出身の人物はだれか。

10 千利休《せんのりきゅう》

ぷちトク！ 兵農分離《へいのうぶんり》を進めたワケ

① 太閤検地で土地の質や所有者を明らかにした。→年貢を確実に納めさせるため。

② 刀狩《かたながり》で武器を取り上げた。→一揆《いっき》を防ぎ，農民を農業に専念させるため。

歴史

28 江戸幕府の成立と「鎖国」

出る率

江戸幕府のしくみ

解答

★ □ 1 1603年，朝廷《ちょうてい》から征夷大将軍《せいいたいしょうぐん》に任命され，江《え》戸幕府《どばくふ》を開いたのはだれか。

1 徳川家康《とくがわいえやす》

□ 2 関ヶ原《せきがはら》の戦い以前から徳川家に従っていた大名《だいみょう》を何というか。

2 譜代《ふだい》大名

★ □ 3 1615年に初めて制定された，大名を統制する法律を何というか。

3 武家諸法度《ぶけしょはっと》

★ □ 4 徳川家光《いえみつ》が定めた，大名に1年ごとに江戸と領地を往復させる制度を何というか。

4 参勤《さんきん》交代

□ 5 幕府が百姓《ひゃくしょう》に，犯罪《はんざい》の防止や年貢《ねんぐ》の納入の連帯責任を負わせるために設けた制度を何というか。

5 五人組
幕府や藩《はん》は百姓を統制して，年貢を確実に納めさせようとした。

貿易奨励から「鎖国」へ

□ 6 将軍が渡航《とこう》を許可する証書を発行し，証書を持った船によって，東南アジアで行われていた貿易を何というか。

6 朱印船《しゅいんせん》貿易
東南アジアに日本町ができた。

□ 7 1637年，九州地方で起きたキリスト教徒への弾圧《だんあつ》と重い税に対する一揆《いっき》を何というか。

7 島原《しまばら》・天草《あまくさ》一揆

□ 8 「鎖国《さこく》」の政策をとった時代に，朝鮮《ちょうせん》との貿易や外交を行った藩はどこか。

8 対馬《つしま》藩

★ □ 9 長崎《ながさき》の港につくられ，オランダ商館が移された右の人工島を何というか。

9 出島《でじま》
人々は自由に出入りできなかった。

ぷちトク！ 「鎖国」時代の4つの窓口

① 琉球《りゅうきゅう》王国(薩摩《さつま》藩)⇔中国《ちゅうごく》(清《しん》)
② 長崎⇔オランダ，中国(清)
③ 松前《まつまえ》藩⇔アイヌの人々
④ 対馬藩⇔朝鮮

29 歴史 江戸時代の産業・政治改革

出る率

産業の発展と文化

解答

□ 1 江戸《えど》時代に開発された，深く耕すことができる右の農具を何というか。

1 備中《びっちゅう》ぐわ

□ 2 大阪に多く建てられた，各藩《かくはん》が年貢米《ねんぐまい》や特産物を保管・売買する建物を何というか。

2 蔵屋敷《くらやしき》

★ □ 3 右の絵がかかれたころに栄えた，上方《かみがた》の町人を中心にした文化を何というか。

3 元禄《げんろく》文化
絵は菱川師宣《ひしかわもろのぶ》の「見返《みかえ》り美《び》人図《じんず》」。

□ 4『古事記伝《こじきでん》』を著《あらわ》し，国学《こくがく》を大成した人物はだれか。

4 本居宣長《もとおりのりなが》

□ 5 杉田玄白《すぎたげんぱく》らがヨーロッパの解《かい》剖書《ぼうしょ》を翻訳《ほんやく》して出版した本を何というか。

5 解体新書《かいたいしんしょ》
オランダ語でヨーロッパの文化や学問を学ぶのは蘭学《らんがく》。

江戸幕府の政策と改革

★ □ 6 江戸幕府《ばくふ》8代将軍徳川吉宗《しょうぐんとくがわよしむね》が行った改革を何というか。

6 享保《きょうほう》の改革

□ 7 6の改革で徳川吉宗が定めた，裁判《さいばん》の基準を示す法律を何というか。

7 公事方御定書《くじかたおさだめがき》

□ 8 株仲間《かぶなかま》をつくることを奨励《しょうれい》するなど，商工業の力によって幕府の財政を立て直そうとした江戸幕府の老中《ろうじゅう》はだれか。

8 田沼意次《たぬまおきつぐ》

★ □ 9 寛政《かんせい》の改革を行った，江戸幕府の老中はだれか。

9 松平定信《まつだいらさだのぶ》

★ □ 10 老中の水野忠邦《みずのただくに》が行った改革を何というか。

10 天保《てんぽう》の改革

ぷちトク！ 百姓一揆《ひゃくしょういっき》と打ちこわし

① 百姓一揆は，年貢の軽減などを求めるために，農村で百姓が起こした一揆。

② 打ちこわしは，米の買いしめをした商人に対して，都市の人々が起こした暴動。

歴史

30 欧米諸国の近代化とアジアへの進出

出る率

欧米諸国の近代化

解答

★ □ **1** イギリスで1688年に起こった，国王を追放して，オランダから新しい国王をむかえた革命を何というか。

1 名誉《めいよ》革命
1689年に，「権利(の)章典」が出された。

□ **2** 1776年の独立宣言ののちに，イギリスから独立して誕生した国を何というか。

2 アメリカ(合衆国《がっしゅうこく》)

★ □ **3** 1789年に起こったフランス革命で出された，右の宣言を何というか。

> 第1条　人は生まれながらにして自由かつ平等な権利を有する。　(部分要約)

3 (フランス)人権宣言
自由と平等，人民主権，言論の自由などが主張された。

★ □ **4** 18世紀後半にイギリスから始まった，技術の向上により工業がさかんになり，社会や経済のしくみが大きく変化したことを何というか。

4 産業革命
19世紀にはヨーロッパやアメリカに広まった。

□ **5** **4**の影響《えいきょう》で社会に広がった，資本をもつ者が労働者をやとって工場で働かせ，自由に競争し，生産や取り引きを行うしくみを何というか。

5 資本主義

□ **6** 1861年に**2**の国で起こった，奴隷《どれい》制や貿易をめぐる内乱を何というか。

6 南北戦争
奴隷制に反対の北部が勝利。

欧米諸国のアジア侵略

★ □ **7** 清《しん》がアヘンの輸入を取りしまったことに対して，イギリスが艦隊《かんたい》を派遣《はけん》して1840年に始まった戦争を何というか。

7 アヘン戦争

□ **8** **7**の戦争の講和条約を何というか。

8 南京《ナンキン》条約

□ **9** イギリスの支配に対し，1857年にインドで起こった反乱を何というか。

9 インド大反乱

ぷちトク！ 新しい思想(啓蒙《けいもう》思想)と市民革命

① ロック：社会契約《けいやく》説と抵抗《ていこう》権　② モンテスキュー：法の精神と三権分立
③ ルソー：社会契約説と人民主権　①～③は絶対王政を批判し市民革命に影響《えいきょう》をあたえた。

歴史

31 開国と江戸幕府の滅亡

出る率

開国の影響

解答

□ **1** 1853年に浦賀《うらが》(神奈川県)に来航して江戸幕府《えどばくふ》に開国を求めたアメリカ人はだれか。

1 ペリー
東インド艦隊《かんたい》司令長官。

★□ **2** 1854年に❶と結び，下田《しもだ》(静岡県)と函館《はこだて》(北海道)の2港を開いた条約を何というか。

2 日米和親《にちべいわしん》条約

★□ **3** 1858年，大老《たいろう》の井伊直弼《いいなおすけ》がアメリカ合衆国《がっしゅうこく》と結んだ条約を何というか。

3 日米修好通商《しゅうこうつうしょう》条約

□ **4** ❸の条約で日本が認めた，外国人が罪を犯《おか》したとき，日本の法律ではなく，外国人の国の法律で裁かれる権利を何というか。

4 領事裁判権《りょうじさいばんけん》［治外法権《ちがいほうけん》］
一方で，日本の関税自主権は認められなかった。

□ **5** 開港後の貿易品目を示した右のグラフのXにあてはまる品目は何か。

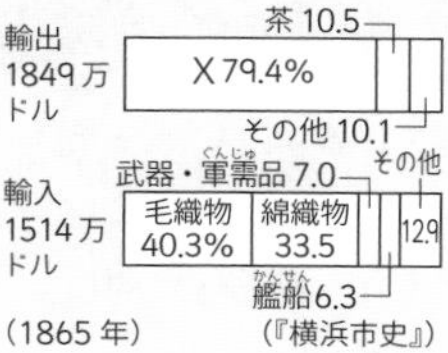

5 生糸《きいと》
当時は横浜《よこはま》港が最大の貿易港であった。

江戸幕府の終わり

□ **6** 幕末に広がった，天皇《てんのう》を尊び外国人を排除《はいじょ》しようとする運動を何というか。

6 尊王攘夷《そんのうじょうい》運動

★□ **7** 1866年に薩摩藩《さつまはん》と長州《ちょうしゅう》藩が，坂本龍馬《さかもとりょうま》らの仲立ちで結んだ同盟を何というか。

7 薩長《さっちょう》同盟
倒幕《とうばく》への動きが高まった。

★□ **8** 1867年に徳川慶喜《とくがわよしのぶ》が政権を朝廷《ちょうてい》に返したことを何というか。

8 大政奉還《たいせいほうかん》

□ **9** 1868年に鳥羽《とば》・伏見《ふしみ》の戦いから始まった，旧幕府軍と新政府軍の戦争を何というか。

9 戊辰《ぼしん》戦争

ぷちトク！ まちがえやすい条約

① 1854年 日米和親条約 ゴロ！〔一夜越し《1854》 2港開いた 和親条約〕
② 1858年 日米修好通商条約 ゴロ！〔イヤこわ《1858》い 通商条約 不平等〕

歴史

32 明治維新

出る率

明治政府の政策

解答

★ □ 1 1868年に天皇《てんのう》が神に誓《ちか》う形で出された，新政府の方針を何というか。

1 五箇条《ごかじょう》の御誓文《ごせいもん》

★ □ 2 藩《はん》を廃止《はいし》して県を置き，中央から県令(のちの県知事)・府知事を派遣《はけん》した政策を何というか。

2 廃藩置県《はいはんちけん》

□ 3 20歳《さい》以上の男子に兵役《へいえき》の義務を負わせた法令を何というか。

3 徴兵令《ちょうへいれい》

★ □ 4 1873年に行われた政策では，土地の所有者と地価《ちか》を定めて右の地《ち》券《けん》を発行し，地価の3%を税金として土地の所有者に現金で納めさせるようになった。この政策を何というか。

4 地租《ちそ》改正
のちに反対一揆《いっき》が起き，地租は3%から2.5%になった。

□ 5 欧米諸国《おうべいしょこく》の文化が取り入れられ，伝統的な生活が大きく変化したことを何というか。

5 文明開化
洋服，れんが造りの建物，人力車，ガス灯などを導入。

国際関係の変化と国境の画定

★ □ 6 不平等条約の改正をめざして，1871年に欧米諸国に派遣された使節団の全権大使はだれか。

6 岩倉具視《いわくらともみ》

□ 7 1875年にロシアと結んだ，ロシアに樺太《からふと》，日本に千島《ちしま》列島の領有を認めた条約を何というか。

7 樺太・千島交換《こうかん》条約

□ 8 1879年に琉球《りゅうきゅう》藩を廃止《はいし》して置かれた県を何というか。

8 沖縄県
琉球藩の廃止＝琉球処分。

□ 9 明治《めいじ》政府は，蝦夷地《えぞち》の名称《めいしょう》を何と改めたか。

9 北海道

ぷちトク！ セットで覚えたい明治政府の近代化

①「富国《ふこく》」のために近代産業を育成(殖産興業《しょくさんこうぎょう》)。

②「強兵《きょうへい》」のために軍備を増強(徴兵制)。

官営模範《もはん》工場(富岡《とみおか》製糸場)▶

歴史

33 自由民権運動と立憲制国家

出る率

自由民権運動の発展

解答

★ □ **1** 1874年に板垣退助《いたがきたいすけ》らが政府に提出した，国会の早期開設を求めた文書を何というか。

1 民撰《みんせん》議院設立（の）建白《けんぱく》書《しょ》

□ **2** 1877年に鹿児島で起こった，西郷隆盛《さいごうたかもり》を中心とする最大の士族の反乱を何というか。

2 西南戦争

□ **3** 1880年に大阪で結成された，国会開設を求める組織を何というか。

3 国会期成同盟

□ **4** 国会開設の勅諭《ちょくゆ》が出されたあとに，板垣退助が結成した政党を何というか。

4 自由党

□ **5** 国会開設の勅諭が出されたあとに，大隈重信《おおくましげのぶ》が結成した政党を何というか。

5 立憲改進《かいしん》党

立憲制国家の成立

★ □ **6** 憲法作成のためにヨーロッパへ調査に向かい，初代の内閣《ないかく》総理大臣になったのはだれか。

6 伊藤博文《いとうひろぶみ》

★ □ **7** 1889年に，天皇《てんのう》が国民にあたえるという形で発布《はっぷ》された憲法《けんぽう》を何というか。

7 大日本帝国《ていこく》憲法

□ **8** 右は**7**の憲法の一部である。資料中の［　　］に共通してあてはまる語句は何か。

> 第3条［　　］ハ神聖ニシテ侵《おか》スベカラズ
> 第11条［　　］ハ陸海軍ヲ統帥《とうすい》ス

8 天皇
国民は「臣民《しんみん》」とされ，法律の範囲《はんい》内で権利が認められた。

□ **9** 第1回衆議院《しゅうぎいん》議員総選挙では，選挙権は，直接国税を（ a ）円以上納める，満（ b ）歳《さい》以上の男子のみにあたえられた。

9 a 15
b 25
有権者は総人口の約1.1%。

ぷちトク！ 自由民権運動の始まり

・「征韓論《せいかんろん》」（朝鮮《ちょうせん》を武力で開国させる主張）で政府が分裂《ぶんれつ》。
→西郷隆盛や板垣退助が政府を去り，大久保利通《おおくぼとしみち》は残る。
　└→西南戦争　└→国会開設を求めて自由民権運動を進める。

歴史

34 日清・日露戦争

出る率

日清戦争（1894～95年）

解答

□ **1** 19世紀後半の，欧米《おうべい》列強による植民地を広げようとする動きや考え方を何というか。

1 帝国主義《ていこくしゅぎ》

□ **2** 1894年，イギリスとの間で領事裁判権《りょうじさいばんけん》の撤廃《てっぱい》に成功した外相はだれか。

2 陸奥宗光《むつむねみつ》

□ **3** 日清《にっしん》戦争の講和条約を何というか。

3 下関《しものせき》条約

★ □ **4** **3**で日本が清から獲得《かくとく》した，右の図のXの半島を何というか。

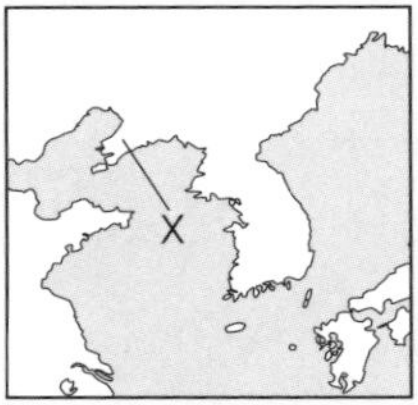

4 遼東《りょうとう》《リアオトン》半島

★ □ **5** **4**の半島を，ロシア，ドイツ，フランスが清に返還《へんかん》するよう日本へ求めたことを何というか。

5 三国干渉《かんしょう》
日本国内ではロシアに対する反感が強まった。

日露戦争（1904～05年）

□ **6** 中国で，ある団体が外国勢力を排除《はいじょ》しようとし，列強8か国に鎮圧《ちんあつ》されたできごとを何というか。

6 義和団《ぎわだん》事件

★ □ **7** 1902年に日本とイギリスが結んだ同盟を何というか。

7 日英同盟
ロシアに対抗《たいこう》するため。

□ **8** 日露《にちろ》戦争に出征《しゅっせい》した弟を思って「君死にたまふ《(う)》ことなかれ」の詩を発表したのはだれか。

8 与謝野晶子《よさのあきこ》

□ **9** 日露戦争の講和条約を何というか。

9 ポーツマス条約

★ □ **10** 1911年，関税自主権の完全回復に成功し，条約改正を達成した外相はだれか。

10 小村寿太郎《こむらじゅたろう》

ぷちトク！ 講和後のポイント

日清戦争　賠償金《ばいしょうきん》をもとに八幡《やはた》製鉄所を建設。欧米列強の中国分割が進む。

日露戦争　賠償金が得られず民衆の政府への不満が高まる。→日比谷《ひびや》焼き打ち事件。

歴史

35 東アジアと日本の産業の発展

出る率

東アジアの動き

★ □ 1 1910年，日本が韓国《かんこく》を日本の植民地としたできごとを何というか。

□ 2 三民《さんみん》主義を唱え，中国の革命運動の中心であった人物はだれか。

★ □ 3 **2**の人物が臨時大総統となって中華民国《ちゅうかみんこく》を建国し，清《しん》の皇帝《こうてい》を退位させた革命を何というか。

日本の産業革命と明治の文化

□ 4 日本で最初に産業革命が起こったのは，軽工業と重工業のどちらか。

★ □ 5 日清《にっしん》戦争の賠償金《ばいしょうきん》を使って建てられ，1901年に操業《そうぎょう》を開始した，右の工場を何というか。

□ 6 金融《きんゆう》や鉱業，運輸などさまざまな業界に進出して，日本の経済を支配した，三井《みつい》，三菱《みつびし》，住友《すみとも》，安田《やすだ》などの大資本家を何というか。

□ 7 足尾《あしお》銅山の鉱毒問題について被害《ひがい》を訴《うった》え，その操業停止や損害《そんがい》賠償を求める運動を進めた衆議《しゅうぎ》院《いん》議員はだれか。

□ 8 明治《めいじ》時代に『吾輩《わがはい》は猫《ねこ》である』『坊《ぼ》っちゃん』などの作品を書いた人物はだれか。

□ 9 明治時代に『舞姫《まいひめ》』などの作品を書いた人物はだれか。

解答

1 韓国併合《へいごう》

2 孫文《そんぶん》《スンウェン》

3 辛亥《しんがい》革命
中華民国は，アジアで最初の共和国。

4 軽工業
紡績《ぼうせき》業や製糸業が栄えた。

5 （官営）八幡《やはた》製鉄所

6 財閥《ざいばつ》

7 田中正造《たなかしょうぞう》

8 夏目漱石《なつめそうせき》

9 森鷗外《もりおうがい》

ぷちトク！ 20世紀初頭の日本の対外政策

対 韓国 日露《にちろ》戦争後に保護国化（初代統監《とうかん》は伊藤博文《いとうひろぶみ》）。→1910年に韓国併合。

対 中国 1906年，満州《まんしゅう》に南満州鉄道株式会社（満鉄）を設立。

歴史

36 第一次世界大戦と日本

出る率

第一次世界大戦

解答

□ **1** 第一次世界大戦前に結ばれた，右の図の，Aの同盟を何というか。

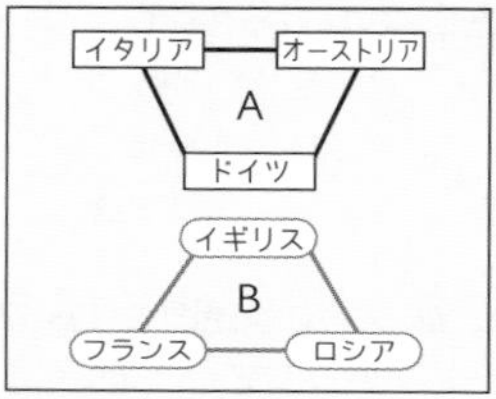

□ **2** **1**の同盟に対抗《たいこう》して結ばれた，右の図の，Bの関係を何というか。

☆ □ **3** 第一次世界大戦中の1915年に，日本が中国《ちゅうごく》に出した，山東《さんとう》《シャントン》省の権益をドイツから引きつぐことなどがふくまれた要求を何というか。

☆ □ **4** 1917年に，レーニンによる指導のもとで，世界で初めて社会主義の政府ができた革命を何というか。

□ **5** 第一次世界大戦の講和条約を何というか。

□ **6** 1920年に，世界平和と国際協調のために発足《ほっそく》した組織を何というか。

1 三国同盟

2 三国協商

3 二十一か条の要求
内容の大部分を中国に認めさせた。

4 ロシア革命
シベリア出兵のきっかけ。

5 ベルサイユ条約

6 国際連盟
日本は常任理事国となった。

大正デモクラシー

□ **7** 憲法《けんぽう》にもとづく政治を求める運動を何というか。

□ **8** 民本《みんぽん》主義を唱えたのはだれか。

☆ □ **9** 1918年に，本格的な政党内閣《ないかく》を成立させた内閣総理大臣はだれか。

□ **10** 1925年に制定された，共産主義運動を取りしまる法律を何というか。

7 護憲《ごけん》運動

8 吉野作造《よしのさくぞう》

9 原敬《はらたかし》
内閣はほぼ立憲政友会《りっけんせいゆうかい》の党員で組織された。

10 治安維持《いじ》法
同年，普通《ふつう》選挙法も制定。

ぷちトク！ 米騒動《こめそうどう》は前後に注目

シベリア出兵を見こした米の買いしめ → 米価高騰《こうとう》 → 「米騒動」(米の安売りを求めた暴動) → 内閣総辞職 → 原敬による政党内閣誕生

歴史

37 世界恐慌と日本のアジア侵略

出る率

世界恐慌

解答

□ **1** 1929年に起きた，世界的な大不況《ふきょう》を何というか。

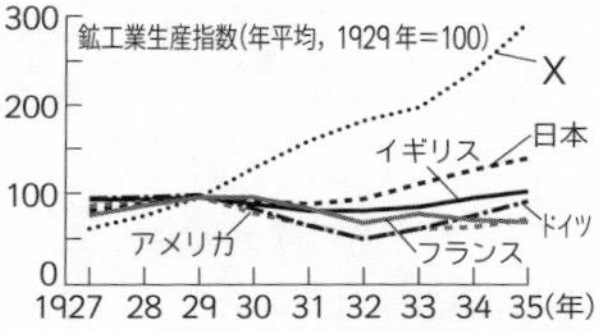

（『明治以降　本邦主要経済統計』）

1 世界恐慌《きょうこう》
ニューヨークの株式市場で株価が暴落し，アメリカの不況が世界に広まった。

★ □ **2** **1**への対策としてアメリカ合衆国《がっしゅうこく》が行った政策を何というか。

2 ニューディール政策［新規まき直し政策］
公共事業を起こすなどした。

□ **3** **1**への対策としてイギリスやフランスが行った経済政策を何というか。

3 ブロック経済
植民地との関係を強めた。

★ □ **4** **1**のあとも成長を続けた上の図のXの国はどこか。

4 ソ連［ソビエト連邦《れんぽう》］

□ **5** ドイツなどで勢力を広げた，民主主義を否定して民族や国家を重視した体制を何というか。

5 ファシズム
ドイツはヒトラーが主導。

中国との戦争

□ **6** 1931年，日本の関東《かんとう》軍が南満州《まんしゅう》鉄道を爆破《ばくは》したことをきっかけにした武力衝突《しょうとつ》を何というか。

6 満州事変

★ □ **7** 1932年に起こった，海軍の青年将校らが犬養《いぬかい》毅《つよし》首相を暗殺した事件を何というか。

7 五《ご》・一五《いちご》事件
政党内閣《ないかく》を終わらせた事件。

□ **8** 1936年に起こった，陸軍の青年将校らが東京の中心部を一時占拠《せんきょ》した事件を何というか。

8 二《に》・二六《にろく》事件

★ □ **9** 1937年，盧溝橋《ろこうきょう》《ルーコウチアオ》で日中両軍が衝突したことで始まった戦争を何というか。

9 日中戦争

□ **10** 1938年に制定された，議会の承認《しょうにん》なしに，人や物資を戦争に動員できる法律を何というか。

10 国家総動員法

ぷちトク！ 日本が国際連盟を脱退《だったい》したワケ

（きっかけ） 満州事変ののちに，関東軍が溥儀《ふぎ（プイ）》を元首に満州国の建国を宣言。
→国際連盟は満州国独立を認めず，日本に撤兵《てっぺい》を勧告《かんこく》。（結果） 国際連盟を脱退。

社会　理科　数学　英語　国語

38 第二次世界大戦と日本

出る率

第二次世界大戦と世界の動き

1 1939年にソ連とドイツの間で結ばれ，その後ドイツがポーランドに侵攻《しんこう》したきっかけとなった条約を何というか。

2 1940年に日本・ドイツ・イタリアが結んだ同盟を何というか。

3 1941年，日本が北方の安全を確保するために，ソ連と結んだ条約を何というか。

太平洋戦争と終戦

4 1941年，日本軍が真珠湾《しんじゅわん》のアメリカ軍基地などを攻撃《こうげき》して始まった戦争を何というか。

5 戦況《せんきょう》の悪化で，徴兵《ちょうへい》を猶予《ゆうよ》されていた大学生が戦地に送り出されたことを何というか。

6 戦争で空襲《くうしゅう》が激しくなったため，都市の小学生を地方の農村へ移動させたことを何というか。

7 1945年3月に，アメリカ軍が上陸し，多くの民間人が地上戦にまきこまれた県はどこか。

8 原子爆弾《げんしばくだん》が1945年の①8月6日，②9日に投下された都市は，右の図のどこか。

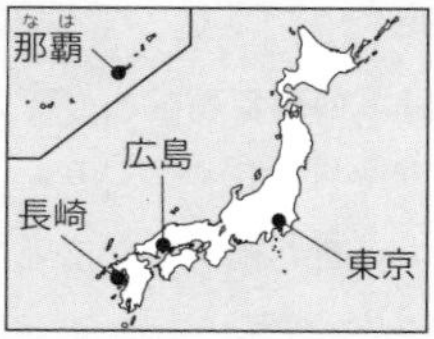

9 1945年8月14日に日本が受諾《じゅだく》した連合国からの宣言を何というか。

解答

1 独ソ不可侵《ふかしん》条約
ドイツのポーランド侵攻で，第二次世界大戦が始まった。

2 日独伊《にちどくい》三国同盟

3 日ソ中立条約
締結《ていけつ》後，日本は東南アジアへ侵攻した。

4 太平洋戦争

5 学徒出陣《しゅつじん》

6 学童疎開《そかい》［疎開］

7 沖縄（県）

8 ① 広島（市）
② 長崎（市）

9 ポツダム宣言
無条件降伏《こうふく》をした。

ぷちトク！ おさえておきたい同盟国

連合国：イギリス（英），フランス（仏），アメリカ（米），中華《ちゅうか》民国（中），ソ連（ソ）など

▲中心5か国は，戦後に国際連合の常任理事国となる。

⟺

枢軸国《すうじくこく》：
ドイツ，イタリア，日本など

▲独・伊・日はファシズムの体制。

39 戦後の民主化政策

出る率

民主化政策

解答

□ **1** 日本を占領《せんりょう》した連合国軍最高司令官総司令部の最高司令官はだれか。

1 マッカーサー

□ **2** 連合国軍最高司令官総司令部の略称《りゃくしょう》をアルファベットで何というか。

2 GHQ

□ **3** 第二次世界大戦後に，選挙権をあたえられたのはどのような人か。

3 満20歳《さい》以上の男女

□ **4** 第二次世界大戦まで日本の経済を支配していた大資本家を解体した政策を何というか。

4 財閥《ざいばつ》解体

★□ **5** 右の図の変化をもたらした，民主化政策は何か。

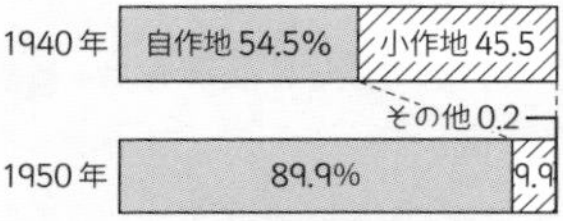

(『完結昭和国勢総覧』ほか)

5 農地改革
地主が持つ小作地《こさくち》を政府が強制的に買い上げ，小作人《こさくにん》に安く売った。

★□ **6** 1946年11月3日に公布され，翌年5月3日に施行《しこう》された憲法《けんぽう》を何というか。

6 日本国憲法

冷戦

□ **7** 1945年に成立した，安全保障理事会を有する，戦争を防ぐための国際組織を何というか。

7 国際連合［国連］

★□ **8** アメリカ合衆国《がっしゅうこく》を中心とする資本主義諸国と，ソ連を中心とする社会主義諸国の，直接は戦火を交えない対立を何というか。

8 冷たい戦争［冷戦《れいせん》］
資本主義諸国は西側，社会主義諸国は東側に集中。

□ **9** 1950年，韓国《かんこく》と北朝鮮《きたちょうせん》の間で始まった戦争を何というか。

9 朝鮮戦争

ぷちトク！ 日本国憲法の基本原理とは

日本国憲法
- 国民主権……主権は国民にある。
- 基本的人権の尊重…生まれながらにもっている権利を互《たが》いに尊重する。
- 平和主義(戦争放棄《ほうき》)…戦争を放棄し，戦力をもたず，交戦権を認めない。

歴史

40 日本の成長と世界

出る率

国際社会への復帰

解答

★ □ **1** 日本がアメリカ合衆国《がっしゅうこく》など48か国と結び，独立を回復した講和条約を何というか。

1 サンフランシスコ平和条約
写真は，調印式で署名する吉田茂《よしだしげる》首相の様子。

★ □ **2** **1**の条約と同時にアメリカ合衆国と結んだ，アメリカ軍の国内駐留《ちゅうりゅう》を認めた条約を何というか。

2 日米安全保障条約
[日米安保《あんぽ》条約]

□ **3** 1955年から続いた，与党《よとう》を自由民主党，主要野党を社会党とする体制を何というか。

3 55年体制

□ **4** 1956年に調印され，ソ連との国交を回復させた宣言を何というか。

4 日ソ共同宣言
同年に日本は国連に加盟。

□ **5** 1972年に発表され，中国と国交を回復させた声明を何というか。

5 日中共同声明

□ **6** 1972年に日本に返還《へんかん》された地域はどこか。

6 沖縄(県)

経済の成長

★ □ **7** 1950年代半ばに始まり，1973年まで続いた，経済が急成長した時期を何というか。

7 高度経済成長(期)

□ **8** 1964年にアジア初のオリンピックが行われた都市はどこか。

8 東京(都)
同年に東海道新幹線が開通。

□ **9** 1960年代後半から普及《ふきゅう》していった「3C」とは，カラーテレビ，クーラーとあと1つは何か。

9 乗用車 [カー]

□ **10** 1973年に起こった第四次中東《ちゅうとう》戦争をきっかけに，石油価格が急上昇《じょうしょう》したことを何というか。

10 石油危機
[オイル・ショック]

ぷちトク! 朝鮮《ちょうせん》戦争と日本

① アメリカ軍用の物資生産で経済が好景気になる(朝鮮特需《とくじゅ》)。→復興が早まる。
② 在日アメリカ軍出兵後の国内治安維持《いじ》のため警察予備隊創設。→のち自衛隊に。

歴史

41 現代日本の発展と世界

出る率

冷戦の終結と冷戦後の世界

	解答
★ □ 1 1989年に，米ソ代表がマルタで会談して宣言したことは何か。	1 冷戦《れいせん》の終結
★ □ 2 1989年に起こった右の壁《かべ》の崩壊《ほうかい》によって統一された国はどこか。	2 ドイツ
□ 3 1990年にイラクがクウェートに侵攻《しんこう》したことに対して，アメリカを中心とする多国籍軍《たこくせきぐん》がイラクを攻撃《こうげき》したことで始まった戦争を何というか。	3 湾岸《わんがん》戦争
□ 4 1991年に，ロシア連邦《れんぽう》などが独立したことによって解体した国はどこか。	4 ソ連［ソビエト連邦］
□ 5 1993年にヨーロッパで発足《ほっそく》した地域統合組織の略称《りゃくしょう》をアルファベットで何というか。	5 EU 共通通貨のユーロを導入。
□ 6 2001年に，ハイジャックされた航空機が世界貿易センタービルなどに同時に突入《とつにゅう》した事件を何というか。	6 (アメリカ)同時多発テロ 2003年のイラク戦争を引き起こした。
□ 7 2008年に起こった，世界全体に不景気が広がったできごとを何というか。	7 世界金融《きんゆう》危機

日本の役割と課題

	解答
★ □ 8 1980年代後半から始まった地価《ちか》や株価《かぶか》が異常に高騰《こうとう》する好景気を何というか。	8 バブル経済 1991年に崩壊《ほうかい》した。
□ 9 1992年に自衛隊が初めて参加した，平和的な紛争《ふんそう》解決をめざす国連の活動を何というか。	9 (国連)平和維持《いじ》活動 [PKO]
□ 10 2011年に起こった，東北地方の太平洋沖《おき》を震《しん》源《げん》とした地震による災害を何というか。	10 東日本大震災《だいしんさい》

ぷちトク！ 選挙権の拡大に注目

1889年 直接国税15円以上を納める満25歳《さい》以上の男子 ⇨ 1925年 満25歳以上の男子 ⇨ 1945年 満20歳以上の男女 ⇨ 2015年 満18歳以上の男女

ぷち
まとめ

整理したい歴史の流れ

江戸《えど》時代の政治・改革

年	おもなできごと
1680 ～1709	（徳川綱吉《とくがわつなよし》）の政治 →朱子学《しゅしがく》の奨励《しょうれい》・生類憐《しょうるいあわれ》みの令
1716 ～45	（享保《きょうほう》）の改革〔徳川吉宗《よしむね》〕 →公事方御定書《くじかたおさだめがき》・目安箱《めやすばこ》・上米《あげまい》の制《せい》
1772 ～86	（田沼意次《たぬまおきつぐ》）の政治 →株仲間《かぶなかま》を奨励
1787 ～93	（寛政《かんせい》）の改革〔松平定信《まつだいらさだのぶ》〕 →米の備蓄《びちく》・旗本《はたもと》や御家人《ごけにん》の借金帳消し
1841 ～43	（天保《てんぽう》）の改革〔水野忠邦《みずのただくに》〕 →株仲間解散・上知令《あげちれい》

幕末《ばくまつ》～明治《めいじ》時代の政変・改革

年	おもなできごと
1867	（大政奉還《たいせいほうかん》）で政権を朝廷《ちょうてい》に返す→江戸幕府滅亡《ばくふめつぼう》
	（王政復古《おうせいふっこ》の大号令《だいごうれい》）で新政府樹立を宣言する
1868	（五箇条《ごかじょう》の御誓文《ごせいもん》）で明治政府の基本政策を打ち出す
1869	（版籍奉還《はんせきほうかん》）で土地と人民を天皇《てんのう》に返す
1871	（廃藩置県《はいはんちけん》）で藩を廃止し，県・府を置く
1872	（学制《がくせい》）で小学校の義務教育が開始
1873	（徴兵令《ちょうへいれい》）で国民に兵役《へいえき》の義務を課す
	（地租《ちそ》改正）で地価《ちか》に応じた税を現金で納めさせる

2つの世界大戦

年	おもなできごと
1914	第一次世界大戦が始まる
1915	（二十一か条の要求）を出す
1917	（ロシア）革命が起こる
1918	（米騒動《こめそうどう》）が起こる
	（原敬《はらたかし》）内閣《ないかく》〔政党内閣〕
1919	朝鮮《ちょうせん》で（三《さん》・一《いち》独立）運動，
	中国で（五《ご》・四《し》）運動が起こる
	パリで（ベルサイユ）条約締結《ていけつ》
1920	国際連盟が発足《ほっそく》する
1925	（治安維持《いじ》法）が公布される
	（普通《ふつう》選挙法）で満25歳《さい》以上の男子に選挙権
1929	（世界恐慌《きょうこう》）が起こる
1931	中国で（満州《まんしゅう》事変）が起こる
1932	（五《ご》・一五《いちご》事件）が起こる
1933	日本が国際連盟脱退《だったい》を通告する
1936	（二《に》・二六《にろく》事件）が起こる
1937	（日中戦争）が始まる
1938	（国家総動員法）が制定
1939	第二次世界大戦が始まる
1940	（日独伊《にちどくい》三国）同盟を結ぶ
1941	（日ソ中立）条約を結ぶ
	（太平洋）戦争が始まる
1945	3月沖縄戦が始まる
	8月6日（広島）に原爆《げんばく》投下
	8日ソ連の対日参戦
	9日（長崎）に原爆投下
	14日（ポツダム宣言）受諾《じゅだく》

42 現代社会の特徴と私たちの生活

出る率

現代社会

解答

□ **1** 人やモノ，お金，情報などが国境を越《こ》えて移動することで進む世界の一体化を何というか。

1 グローバル化

□ **2** 各国が得意な製品を貿易によって交換《こうかん》し合うことを何というか。

2 国際分業
各国が依存《いそん》し合う。

□ **3** 多くの情報から推論・判断する人間の知能の働きをコンピューターにもたせたものを何というか。

3 ＡＩ［人工知能］

★ □ **4** 情報について，私たち一人ひとりが正しく利用する力を何というか。

4 情報リテラシー

★ □ **5** 日本のように，出生率が低下し，平均寿命《じゅみょう》がのびて人口にしめる高齢者《こうれいしゃ》の割合が増えている社会を何というか。

5 少子高齢社会
21世紀中ごろには，65歳《さい》以上の人口は日本の総人口の約4割になると予想。

私たちの生活

□ **6** 科学，宗教，芸術など人々がつくってきたものをまとめて何というか。

6 文化

□ **7** 個々の違《ちが》いを積極的に認めようとする，多様性のことを何というか。

7 ダイバーシティ

□ **8** 人間は社会集団の中で生きる(　　)である。

8 社会的存在

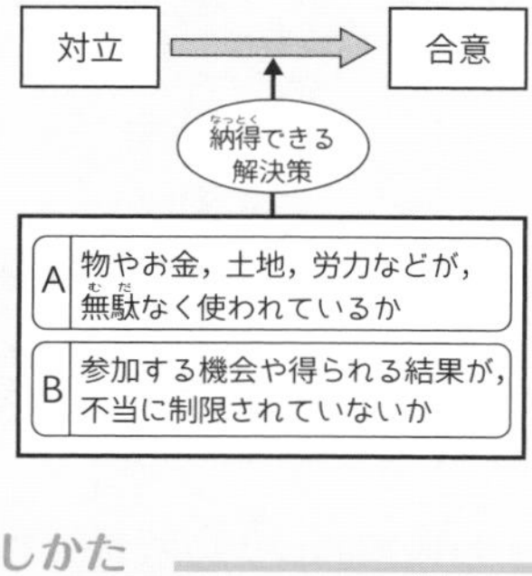

・図は，合意に向けて解決策を探る方法を示している。

★ □ **9** 右の図のA，Bにあてはまる語句は何か。

9 A 効率
B 公正
全員が参加して決定しているかも重要。

ぷちトク！ 採決のしかた

① 全会一致《いっち》は全員の意見の一致が必要な方法。公正だが効率が損《そこ》なわれる。

② 多数決はもっとも多い意見を採用する方法。効率を満たすが少数意見の尊重も重要。

公民

43 人権の歴史と日本国憲法

出る率

人権思想の歴史

□ **1** イギリスで1689年に出された，議会の同意なく国王が重要な政治的決定を行うことを禁じたものを何というか。

□ **2** フランス革命で出された，人々の自由や平等，人民主権などを主張した宣言を何というか。

□ **3** 1919年に制定された，世界で初めて社会権を保障したドイツの憲法《けんぽう》を何というか。

大日本帝国憲法と日本国憲法

□ **4** 大日本帝国《ていこく》憲法は，天皇《てんのう》を主権者とし，国民の権利は何の範囲《はんい》内で認めたか。

★ □ **5** 右の図のXにあてはまる，日本国憲法の基本原則を何というか。

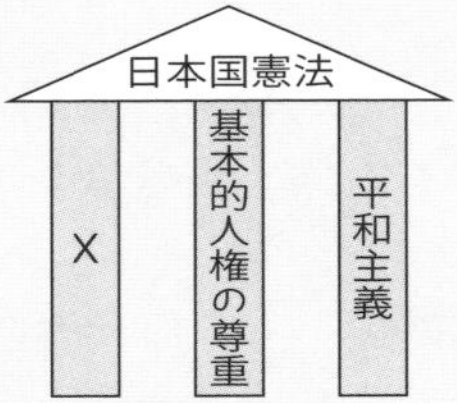

★ □ **6** 憲法改正は，各議院の総議員の（ a ）の賛成で国会が発議し，国民投票で有効投票の（ b ）の賛成を得て行われる。

★ □ **7** 日本国憲法では，天皇は日本国と日本国民統合の何と規定されているか。

□ **8** 日本国憲法に規定されている，天皇の形式的・儀礼《ぎれい》的な行為《こうい》を何というか。

□ **9** 日本国憲法で，戦争の放棄《ほうき》について規定しているのは第何条か。

解答

1 権利（の）章典

2 （フランス）人権宣言

3 ワイマール憲法

4 法律

5 国民主権
国の政治の決定権は国民がもつということ。

6 a 3分の2以上
b 過半数

7 象徴《しょうちょう》

8 国事行為

9 第9条

ぷちトク！ あわせて覚えたい国際的な人権宣言・条約

- 世界人権宣言（1948年，人権の共通基準）→国際人権規約（1966年，法的拘束力《こうそくりょく》を付加）
- 女子差別撤廃《てっぱい》条約（1979年），子ども（児童）の権利条約（1989年）

公民

44 基本的人権①

出る率

平等権・自由権

解答

□ **1** 日本国憲法《けんぽう》第14条で，すべて国民は，何の下《もと》に平等であると規定されているか。

1 法

□ **2** 1985年に制定された，雇用《こよう》における女性差別を禁止した法律を何というか。

2 男女雇用機会均等法

★ □ **3** 1999年制定の，男女が対等に活躍《かつやく》できる社会をめざした法律を何というか。

3 男女共同参画《さんかく》社会基本法

★ □ **4** 公共施設《しせつ》や交通機関で進められている，障がい者や高齢者《こうれいしゃ》も不自由なく使用できるようにする取り組みを何というか。

4 バリアフリー(化)
段差を取り除く，エレベーターを設置するなど。

★ □ **5** 自由権のうち，自分の考えや意見を自由に表現したり発表したりするのは，次のうちどれか。
〔身体の自由　精神の自由　経済活動の自由〕

5 精神の自由

社会権

★ □ **6** 社会権のうち，右の条文が規定する権利を何というか。

> 第25条①　すべて国民は，健康で文化的な最低限度の生活を営む権利を有する。

6 生存権
医療《いりょう》保険や介護《かいご》保険など社会保障《ほしょう》の制度がある。

□ **7** 義務教育の無償《むしょう》化は，どのような権利を実現するものか。

7 教育を受ける権利

□ **8** 労働基本権のうち，労働組合をつくる権利を何というか。

8 団結権

★ □ **9** 労働基本権のうち，ストライキなどを行う権利を何というか。

9 団体行動権［争議権］

ぷちトク！ 国民の三大義務と三大権利

- 三大義務は「子どもに普通《ふつう》教育を受けさせる義務」「納税の義務」「勤労の義務」。
- 三大権利は「生存権」「教育を受ける権利」「参政権」。

教育は義務であり権利。

公民

45 基本的人権②

出る率

人権保障を実現する権利・人権の制限

	解答
□ 1 国民が政治に参加する権利を何というか。	1 参政権
□ 2 1の権利のうち，選挙に立候補する権利を何というか。	2 被《ひ》選挙権
□ 3 国や地方公共団体に対して要望を述べる権利を何というか。	3 請願《せいがん》権
★ □ 4 基本的人権はすべての国民に保障《ほしょう》されているが，社会全体の利益のために制限されることがある。この原理を何というか。	4 公共の福祉《ふくし》
★ □ 5 国民の義務は，子どもに普通《ふつう》教育を受けさせる義務，勤労の義務とあと1つは何か。	5 納税の義務

新しい人権

□ 6 環境《かんきょう》権のうち，住居への十分な日当たりを求める権利を何というか。	6 日照《にっしょう》権 左の写真は，建物の壁《かべ》をななめにしている。
★ □ 7 請求《せいきゅう》に応じ国や地方公共団体が情報を開示する，情報公開制度がつくられるきっかけとなった新しい権利を何というか。	7 知る権利 国や地方の活動内容に関する情報を入手できる権利。
□ 8 個人情報の適切な取りあつかいを義務付ける，個人情報保護制度がつくられるきっかけとなった新しい権利を何というか。	8 プライバシーの権利 私生活に関する情報を公開されない権利。
★ □ 9 臓器提供意思表示カードは，何という権利を尊重するためのものか。	9 自己決定権 自分の生き方を自由に決定する権利。

ぷちトク！ 政治の情報公開が国民に必要なワケ

「主権者である国民が，政治について正しい判断をするため。」
←国や地方公共団体がどのような活動をしているかを知り，考える。

46 民主主義と政治のしくみ

民主主義

問題	解答
□ 1 みんなで話し合い，みんなで決定するという考え方を何というか。	1 民主主義
□ 2 人々が全員集まり，直接話し合いに参加してものごとを決定する方法を何というか。	2 直接民主制
★ □ 3 選挙で選ばれた代表者が話し合ってものごとを決める方法を何というか。	3 間接民主制［議会制民主主義］

日本の選挙制度と政党

問題	解答
□ 4 選挙の基本原則のうち，一定の年齢《ねんれい》以上の全国民が選挙権をもつことを何というか。	4 普通《ふつう》選挙
□ 5 選挙の基本原則のうち，1人1票であることを何というか。	5 平等選挙
□ 6 現在,日本では何歳《さい》以上の男女に選挙権があるか。	6 満18歳以上
★ □ 7 現在行われている，衆議院《しゅうぎいん》議員総選挙の選挙制度を何というか。	7 小選挙区比例代表並立制
★ □ 8 選挙区の議員1人あたりの有権者数の格差を何というか。	8 一票の格差 一票の価値が異なる。
□ 9 内閣《ないかく》を組織し，政権をになう政党を何というか。	9 与党《よとう》
□ 10 9以外の政党を何というか。	10 野党
□ 11 選挙のときに，各政党が政権を担当した場合に実施《じっし》する政策や，実施方法などを表記したものを何というか。	11 政権公約［マニフェスト］
□ 12 マスメディアから発信された情報をさまざまな角度から読み取る力を何というか。	12 メディアリテラシー

ぷちトク！ 世論《せろん》《よろん》に注目

① 世論は，社会のさまざまな問題や課題について，多くの人が共有する意見。
② 世論の内容に大きく影響《えいきょう》をあたえるものとして，テレビなどのマスメディアがある。

公民

47 国会の役割としくみ

出る率

国会の構成

解答

★ □ **1** 憲法《けんぽう》第41条で，「国会は，(a)の最高機関であって，国の唯一《ゆいいつ》の(b)機関である」と定められている。

1 a 国権
b 立法

□ **2** 衆議院《しゅうぎいん》議員の任期は何年か。

2 4年

□ **3** 衆議院議員の被《ひ》選挙権は満何歳《さい》以上か。

3 満25歳以上

★ □ **4** 毎年1回，1月中に召集《しょうしゅう》される国会を何というか。

4 常会［通常国会］

□ **5** 衆議院解散後の総選挙の日から，30日以内に召集される国会を何というか。

5 特別会［特別国会］

国会の仕事

★ □ **6** 国会で法律ができるまでのしくみを示した，次の図のA，Bにあてはまる語句は何か。

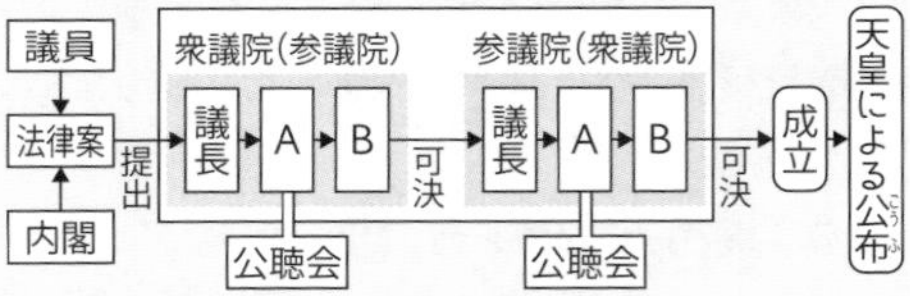

6 A 委員会
B 本会議
公聴会では学識経験者などから意見を聞く。

★ □ **7** 国会の仕事にあてはまるのは，次のうちどれか。

［ 政令の制定　予算の作成
条約の締結《ていけつ》　憲法改正の発議 ］

7 憲法改正の発議

□ **8** 衆議院と参議院《さんぎいん》がもつ，政治について調査することができる権利を何というか。

8 国政調査権

□ **9** 国会に置かれている，問題のある裁判官《さいばんかん》をやめさせるかどうかを判断するための裁判所を何というか。

9 弾劾《だんがい》裁判所
両院の議員が7人ずつ参加する。

ぷちトク！「衆議院の優越《ゆうえつ》」があるワケ

解散があり任期が短い(衆議院4年・参議院6年)ため。→より国民の意見を反映できる。

優越　予算の先議，法律案の議決，内閣総理大臣の指名，内閣不信任の決議など。

公民

48 内閣の役割としくみ

出る率

内閣の仕事と国民の生活

解答

□ 1 内閣《ないかく》がになっている，法律や予算にもとづいて政策を実施《じっし》するなどの役割を何というか。

1 行政

□ 2 内閣総理大臣に任命され，内閣総理大臣とともに内閣を構成する役職を何というか。

2 国務大臣
過半数は必ず国会議員。

★ □ 3 内閣が政治の方針を決めるために開く会議を何というか。

3 閣議

★ □ 4 内閣の仕事にあてはまるのは，次のうちどれか。

〔 予算の作成　条約の承認
内閣総理大臣の指名　国政調査権の行使 〕

4 予算の作成

□ 5 **1** の仕事を実際に実行する，政府の職員を何というか。

5 公務員

□ 6 電力の自由化など，許可や認可をあたえる基準をゆるめて，自由な経済活動を促《うなが》すことを何というか。

6 規制緩和《かんわ》

議院内閣制

★ □ 7 右の図のような国会と内閣の関係を何というか。

★ □ 8 衆議院《しゅうぎいん》が内閣不信任の決議を行った場合，内閣は総辞職するか，10日以内に何をしなければならないか。

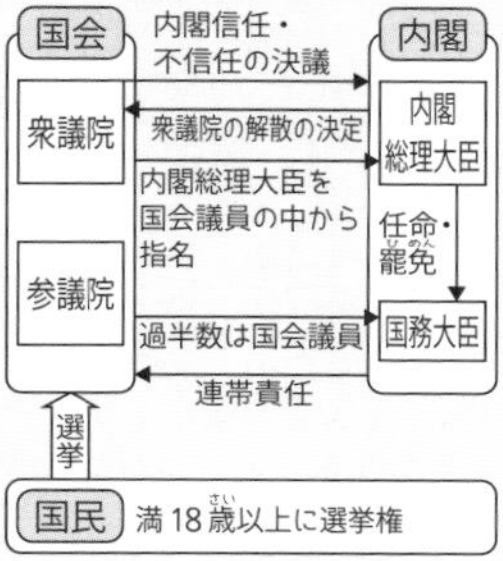

7 議院内閣制
内閣が国会に対し，連帯して責任を負う。

8 衆議院の解散

ぷちトク！ 内閣と国会の連帯責任

議院内閣制　内閣は国会の信任にもとづき成立，国会に対して連帯して責任を負う。

➡ 衆議院の解散→総選挙→特別会→内閣総辞職→内閣総理大臣の指名。

公民

49 裁判所の役割としくみ・三権分立

出る率

裁判所の役割としくみ

- □ 1 裁判所《さいばんしょ》には大きく2つに分けて，最高裁判所と何があるか。
- □ 2 第一審《しん》の判決に不服があるときに，第二審の裁判所に訴《うった》えることを何というか。
- □ 3 第二審の判決に不服があるときに，さらに上の裁判所に訴えることを何というか。
- ★ □ 4 1つの事件で，3回まで裁判を受けることができる制度を何というか。
- □ 5 民事裁判で，訴えられた人を何というか。
- □ 6 刑事《けいじ》裁判で，検察官に起訴《きそ》された人を何というか。
- ★ □ 7 司法制度改革の1つとして始まった，くじと面接で選ばれた満20歳《さい》以上の国民が，裁判官とともに刑事裁判を行う制度を何というか。

三権分立

- ★ □ 8 右の図のように国の権力の集中を防ぐしくみを何というか。

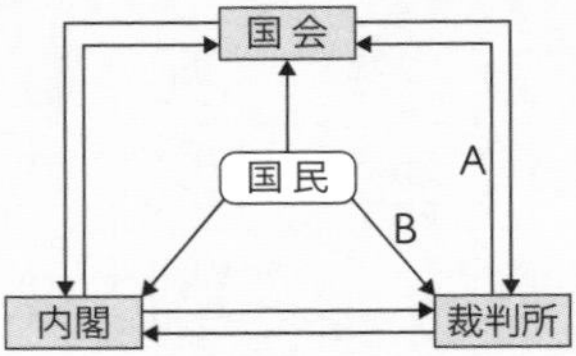

- ★ □ 9 右の図のAにあてはまる，国会が制定した法律が憲法《けんぽう》に違反《いはん》していないかどうかを審査《しんさ》することを何というか。
- □ 10 右上の図のBにあてはまる語句を何というか。

解答

1 下級裁判所

2 控訴《こうそ》

3 上告《じょうこく》

4 三審制《さんしんせい》

5 被告《ひこく》

6 被告人

7 裁判員制度
重大な刑事事件の第一審のみ。

8 三権分立《さんけんぶんりつ》［権力分立］
互《たが》いに監視《かんし》・抑制《よくせい》することで権力の濫用《らんよう》を防ぎ，国民の自由や権利を守る。

9 違憲《いけん》（立法）審査
最高裁判所は「憲法の番人」とよばれる。

10 国民審査

ぷちトク！ まちがえやすいよび方

- 民事裁判：訴えた人は「原告」，訴えられた人は「被告」。
- 刑事裁判：訴える人は「検察官」，訴えられた人は「被告人」（起訴前は「被疑者」）。

50 地方自治のしくみ

出る率

地方議会と生活

解答

★ □ **1** 住民が自分たちの住んでいる地域の政治を行うことを何というか。

1 地方自治

□ **2** **1**は，私たち一人ひとりが主体的に参加できることが多いことから，何とよばれているか。

2 民主主義の学校

□ **3** 地方公共団体が独自に定める法を何というか。

3 条例

★ □ **4** 住民に認められている，直接民主制を取り入れた権利を何というか。

4 直接請求《せいきゅう》権

□ **5** 次の表は，**4**についてまとめたものである。表のA，Bにあてはまる数字はいくつか。

<table>
<tr><th>内容</th><th>必要な署名</th><th>請求先</th></tr>
<tr><td>条例の制定・改廃《かいはい》</td><td rowspan="2">有権者の
A 分の1以上</td><td>首長《しゅちょう》</td></tr>
<tr><td>事務の監査《かんさ》</td><td>監査委員</td></tr>
<tr><td>議会の解散，議員
・首長の解職</td><td rowspan="2">有権者の
B 分の1以上</td><td>選挙管理
委員会</td></tr>
<tr><td>主要な職員*の解職</td><td>首長</td></tr>
</table>

*副知事，副市(区)町村長，選挙管理委員，公安委員，監査委員

5 A 50
B 3

地方財政

★ □ **6** 地方財政のうち，地方公共団体が集める税を何というか。

6 地方税
自主財源の1つ。

□ **7** 地方財政のうち，地方公共団体間の財政の格差を小さくするために，国から配分されるお金を何というか。

7 地方交付税交付金
[地方交付税]

□ **8** 地方財政のうち，公共事業や義務教育など，国から使いみちを限定されて配分されるお金を何というか。

8 国庫支出金

ぷちトク! 自治体が取り組むオンブズマン(制度)

- 行政の活動(公務員の不正や法令違反《いはん》がないか)を監視し，改善を促《うなが》す人(制度)。
  ←「市民オンブズマン」は住民からの要求で民間ボランティア団体が行う別の活動。

公民

51 消費生活と経済のしくみ

出る率

家計と消費者問題

解答

□ **1** 衣類など形のある商品を何というか。 — **1** 財《ざい》

□ **2** 交通機関の運営や，スポーツやコンサートの開《かい》催《さい》など，形のない商品を何というか。 — **2** サービス

□ **3** **1**や**2**を生産し，消費するしくみを何というか。 — **3** 経済

□ **4** 家計の所得から生活に必要な消費支出と，税金などを差し引いた残りを何というか。 — **4** 貯蓄《ちょちく》

□ **5** 消費者が自立した消費生活を送ることができるように支援《しえん》する法律を何というか。 — **5** 消費者基本法

★ □ **6** 欠陥《けっかん》商品による消費者の被害《ひがい》に対して，企業《きぎょう》に損害賠償《ばいしょう》責任を定めた法律を何というか。 — **6** 製造物責任法［PL法］

★ □ **7** 訪問販売《はんばい》などで商品を購入《こうにゅう》したとき，一定期間内なら無条件に契約《けいやく》を取り消せる制度を何というか。 — **7** クーリング・オフ(制度)
店での購入は適用外。

□ **8** 2009年に，消費者の権利を守り，消費者の自立を支援する目的のために設置された省庁を何というか。 — **8** 消費者庁

流通のしくみ

□ **9** 次の図のA，Bにあてはまる語句は何か。 — **9** A 卸売《おろしうり》業者　B 小売《こうり》業者

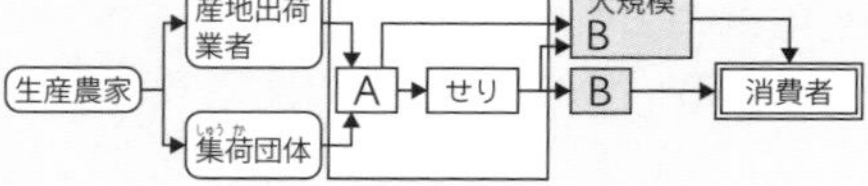

★ □ **10** 上の図のAやBの人々が行っている，商品を生産者から直接仕入れるなどのくふうによって，流通費用をおさえることを何というか。 — **10** 流通の合理化

ぷちトク！ 経済は家計・企業・政府で循環《じゅんかん》する

① 家計の労働力に企業は賃金を支払《しはら》う。　② 企業の商品に家計は代金を支払う。

③ 家計・企業は税金を政府へ支払い，社会資本・公共サービスを受け取る。

52 企業のしくみと労働者の権利

出る率

企業の種類

解答

□ **1** 利潤《りじゅん》を目的とする企業《きぎょう》を何というか。

1 私《し》企業

□ **2** 公共の利益のために活動する企業を何というか。

2 公《こう》企業

★ □ **3** 株式会社は，**1**のうち何という企業に分類されているか。

3 法人《ほうじん》企業

★ □ **4** 株式会社のしくみを示した次の図のA，Bにあてはまる語句は何か。

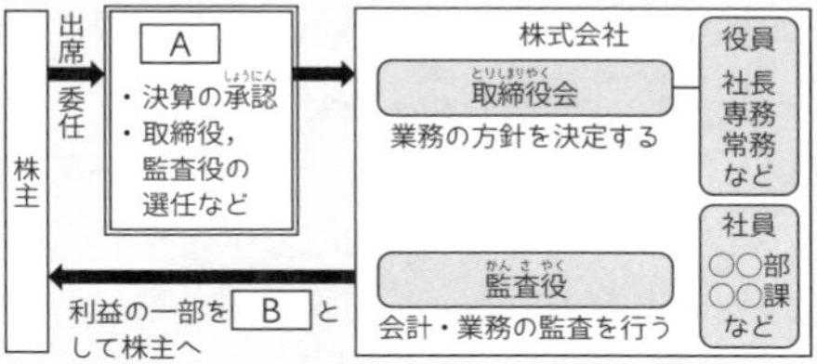

4 A 株主総会
B 配当《はいとう》(金)
株主の議決権は，持っている株式の数によって決まる。

労働者の権利と労働環境

★ □ **5** 労働時間は週40時間，1日8時間以内など，労働条件の最低基準を定めた法律を何というか。

5 労働基準法

□ **6** 労働者に労働組合を結成する権利などを保障している法律を何というか。

6 労働組合法
団結権にもとづいて制定。

□ **7** 労働者と使用者の対立の予防や，問題の解決を目的とした法律を何というか。

7 労働関係調整法

□ **8** かつて日本の企業で多く見られた，賃金が年齢《ねんれい》とともに上昇《じょうしょう》する制度を何というか。

8 年功序列(型)賃金

□ **9** 日本では労働条件が不安定になりやすいアルバイトや派遣《はけん》社員などの(　　)が増えた。

9 非正規労働者
[非正規雇用]

ぷちトク！ 企業がになう「生産」の三要素

① 土地：活動するための土地。　② 労働：人間の働き。
③ 資本：元手となる資金や財，工場の設備など。

※四要素の場合は，「④ 知的資源：ノウハウ」が加わる。

公民

53 市場経済と金融の働き

出る率

需要と供給

- □ 1 消費者が買おうとする量を何というか。
- □ 2 生産者が売ろうとする量を何というか。
- ★ □ 3 買おうとする量と売ろうとする量が一致《いっち》したときの価格を何というか。
- ★ □ 4 独占《どくせん》や寡占《かせん》による弊害《へいがい》を防ぎ，市場の健全な価格競争を促《うなが》すために制定された法律を何というか。
- □ 5 **4**の法律を運用している機関を何というか。
- □ 6 生活への影響《えいきょう》が大きいため，国や地方公共団体が認可・決定する料金を何というか。

銀行と金融政策

- □ 7 企業《きぎょう》が，銀行などを通じて資金を集める金融《きんゆう》を何というか。
- □ 8 銀行から資金を借りたとき，元金《がんきん》のほかに支払《しはら》うものは何か。
- □ 9 日本銀行（日銀）の役割のうち，政府の資金を預金として預かり，その出し入れをになっていることを何というか。
- □ 10 日銀が景気の安定を図《はか》るために行う政策を何というか。
- ★ □ 11 右の図のBの状況になることを何というか。
- ★ □ 12 **11**のとき，日本の輸出企業は有利と不利のどちらになるか。

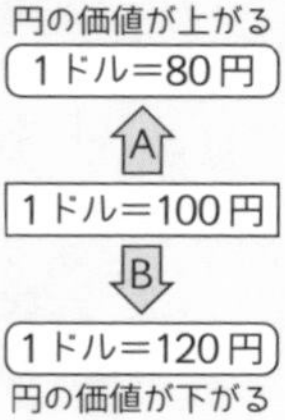

解答

1 需要《じゅよう》量

2 供給量

3 均衡《きんこう》価格

4 独占禁止法

5 公正取引委員会

6 公共料金
鉄道運賃，郵便料金，公営水道料金など。

7 間接金融

8 利子［利息］

9 政府の銀行

10 金融政策
国債《こくさい》の売買などを行う。

11 円安［ドル高］

12 有利（になる）

ぷちトク！ まちがえやすいインフレとデフレ

① インフレーションは，物価が上がり続ける現象。→ 好景気 失業者減，消費増。

② デフレーションは，物価が下がり続ける現象。→ 不景気 失業者増，消費減。

54 財政の働きと租税

出る率

財政のしくみと税の種類

解答

☐ **1** 政府の経済活動を何というか。

1 財政《ざいせい》

☐ **2** 政府の1年間の歳入《さいにゅう》と歳出の計画を何というか。

2 予算

★ ☐ **3** 国の収入（歳入）が税金でまかなえないとき，不足分を調達するために発行するものは何か。

3 国債《こくさい》［公債《こうさい》］
国の借金である。

☐ **4** 右の表のA～Dにあてはまる税は，次のうちそれぞれどれか。

	直接税	間接税
国税	A	B
地方税	C	D

〔事業税　関税　所得税　ゴルフ場利用税〕

4 A 所得税
B 関税
C 事業税
D ゴルフ場利用税

★ ☐ **5** 所得税のように，所得が多くなるほど税率が高くなるしくみを何というか。

5 累進課税《るいしんかぜい》
国民の間で税金の負担を公平にすることが目的。

政府の役割と財政政策

☐ **6** 道路や港湾《こうわん》，学校，公園など，社会生活を送るうえで必要な，政府が提供する施設《しせつ》などをまとめて何というか。

6 社会資本［インフラ］

☐ **7** 教育や社会保障，治安の維持《いじ》など，社会生活を送るうえで必要な，政府が提供するサービスをまとめて何というか。

7 公共サービス

★ ☐ **8** 政府が景気の安定を図《はか》るための政策を，何というか。

8 財政政策

☐ **9** 政府が不景気のときに増加させる，道路やダムの建設など，公共事業への支出を何というか。

9 公共投資

☐ **10** 政府は，好景気のときには，税を増やすか，税を減らすか。

10 増やす
消費を減らす目的。

ぷちトク！ 直接税と間接税の区別のしかた

（直接税）納税者と担税者が一致《いっち》する。　（間接税）納税者と担税者が一致しない。
→「納税者」は税金を納めるべき人，「担税者」は実際に税金を負担する人。

公民

55 国民の生活と社会保障

出る率

社会保障のしくみ

解答

★ □ **1** 社会保障《ほしょう》のうち，定められた時期に決まった保険料を支払《しはら》い，高齢《こうれい》や病気になったときに給付を受ける制度を何というか。

1 社会保険

★ □ **2** 社会保障のうち，高齢者や障がい者など，社会で生活するうえで弱い立場にある人々を支援《しえん》する制度を何というか。

2 社会福祉《ふくし》

□ **3** 社会保障のうち，生活に困っている人々に，生活を保障して，自立を助ける制度を何というか。

3 公的扶助《ふじょ》
生活保護法にもとづく。

□ **4** 社会保障のうち，人々が健康で安全な生活を送れるように，感染症《かんせんしょう》の予防や環境衛生《かんきょうえいせい》の取り組みを行う制度を何というか。

4 公衆衛生

□ **5** 右の図のX～Zにあてはまるものは，次のうちどれか。

〔 福祉その他　医療《いりょう》
年金 〕

社会保障給付費の推移

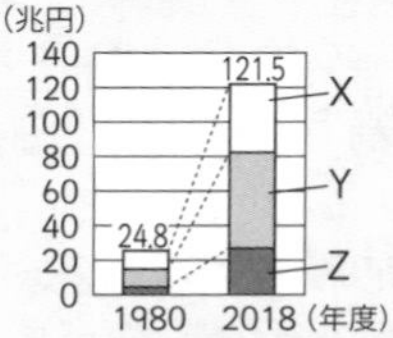

(国立社会保障・人口問題研究所資料)

5 X 医療
Y 年金
Z 福祉その他
高齢化が進んだことで年金の給付費が増加している。

★ □ **6** 40歳《さい》以上が加入し，必要になったときに介《かい》護《ご》サービスを受けられる制度を何というか。

6 介護保険(制度)

環境問題

□ **7** 環境対策の推進のために，1993年に制定された法律を何というか。

7 環境基本法

★ □ **8** リサイクルなどを行うことで，限りある資源を有効に使う社会を何というか。

8 循環《じゅんかん》型社会

ぷちトク！ 四大公害病

水俣《みなまた》病　(熊本県・鹿児島県)水質汚濁《おだく》

イタイイタイ病　(富山県)水質汚濁

新潟水俣病　(新潟県)水質汚濁

四日市《よっかいち》ぜんそく　(三重県)大気汚染《おせん》

56 国家と国際社会

出る率

国家と国際連合

解答

□ **1** 国家の領域とは，領土，領海と何か。

1 領空

□ **2** 国際連合(国連)に加盟しているすべての国が参加する機関を何というか。

2 総会《そうかい》
1か国につき1票の議決権。

★ □ **3** 国連の中心機関の1つで，世界の平和と安全の維持《いじ》を目的とする機関を何というか。

3 安全保障理事会
[安保理《あんぽり》]

★ □ **4** **3**の常任理事国がもつ，1か国でも反対すると決議されない権利を何というか。

4 拒否権《きょひけん》

□ **5** 右の図は，国連加盟国数の推移を示している。このうちAは，次のうちどれか。

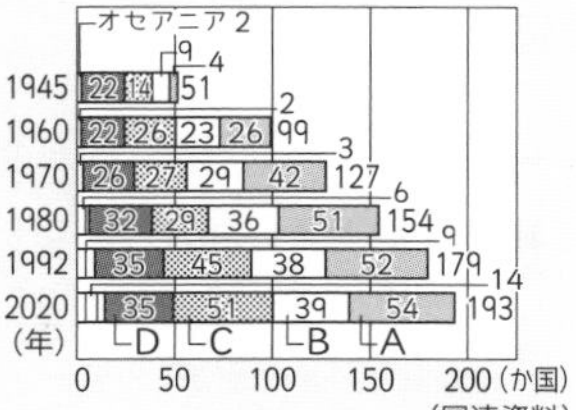

(国連資料)

[アフリカ　ヨーロッパ・旧ソ連
アジア　南北アメリカ]

5 アフリカ
1960年前後に多くの国が独立した地域。

□ **6** 病気や貧困などから子どもたちを守り，健康の促進《そくしん》を図《はか》る国連の機関を何というか。

6 国連児童基金
[UNICEF《ユニセフ》]

地域統合組織と国際問題

□ **7** 特定の国・地域間で貿易などの自由化を進める協定として自由貿易協定(FTA)や(　　)がある。

7 経済連携《れんけい》協定 [EPA]

★ □ **8** 核兵器《かくへいき》を「持たず，つくらず，持ちこませず」という日本の方針を何というか。

8 非核三原則

★ □ **9** 2015年に国連で採択《さいたく》された，2030年までに国際社会が達成すべき目標を何というか。

9 SDGs《エスディージーズ》
[持続可能な開発目標]

ぷちトク! 覚えておきたいアルファベット用語

① NGO→非政府組織。民間組織で，国境を越《こ》えて活動している。
② ODA→政府開発援助《えんじょ》。先進工業国の政府機関による，発展途上国への支援《しえん》。

ぷち まとめ

図表でまとめる政治と経済

◎ 三権分立

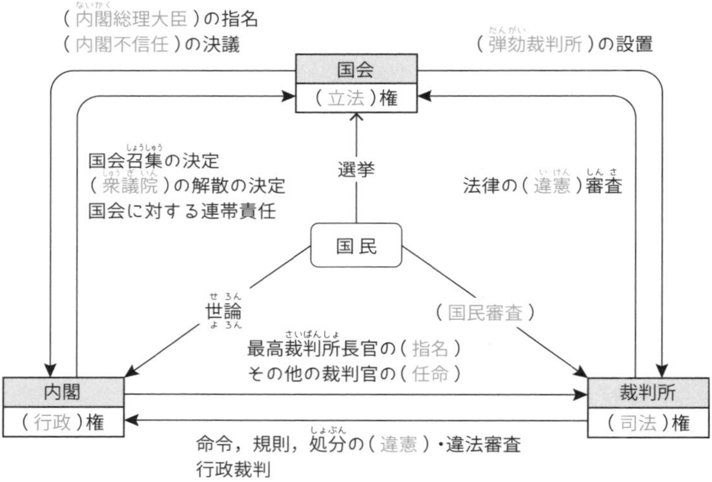

◎ 衆議院《しゅうぎいん》と参議院《さんぎいん》

	衆議院	参議院
議員定数	(465)人	(248)人
被《ひ》選挙権	満(25)歳《さい》以上	満(30)歳以上
任期	(4)年 ※解散がある	(6)年 ※3年ごとに半数を改選
選挙区	小選挙区(289)人 比例代表(176)人	選挙区(148)人 比例代表(100)人

◎ 需要《じゅよう》と供給《きょうきゅう》

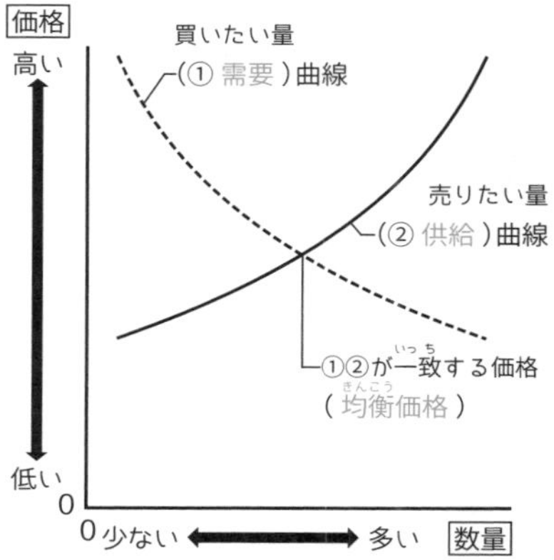

SCIENCE

理科

物質

1 実験器具の使い方

出る率

メスシリンダー

解答

□ **1** メスシリンダーは液体の何をはかる器具か。

□ **2** 目盛りは，図のア～ウのどの向きから見るか。

★ □ **3** 右の図で金属Aの体積は何cm³か。

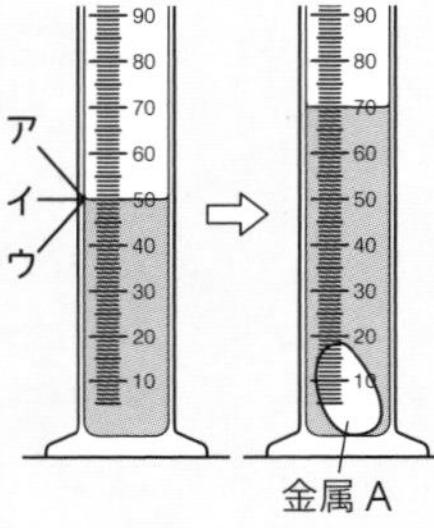

1 体積

2 イ

3 20 cm³［20.0cm³］
物体を入れたときの目盛りの値から，物体が入っていないときの目盛りの値をひく。

ガスバーナー

□ **4** 右の図のAを何というか。

□ **5** 右の図のBを開いていくと炎は何色になるか。

★ □ **6** ガスバーナーに点火するとき，図のA～Dを操作で使う順になるようにCに続けて並べなさい。

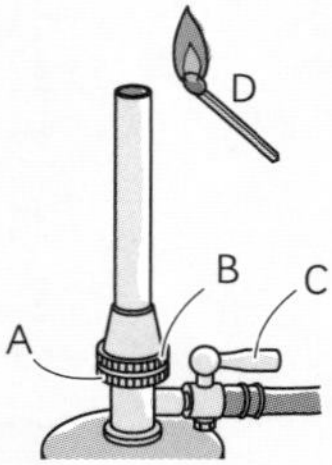

4 ガス調節ねじ

5 青色

6 C→D→A→B
ガスバーナーを消すときは，点火のときの逆の操作をする。

上皿てんびん

□ **7** 上皿てんびんでは，質量をはかりたい物体を片方の皿に置き，もう一方の皿にそれよりも少し(　　　)と思われる分銅を置く。

□ **8** 薬品をはかるときに使う紙を何というか。

□ **9** **8**は薬品をのせる皿と分銅をのせる皿のどちらにしくか，または両方にしくか。

7 重い

8 薬包紙

9 両方

ぷちトク！ メスシリンダーの問題の解き方

① (物体を入れた状態の水の体積)－(水の体積)＝(物体の体積)

② 目盛りの読み方に注意する。

ここの値→

物質

2 身のまわりの物質

出る率

金属と非金属

□ 1 金属特有のかがやきを何というか。

□ 2 金属以外の物質を何というか。

有機物と無機物

□ 3 砂糖，食塩，片栗粉《かたくりこ》を燃やすとき，二酸化炭素を出し，炭になるのはどれか。

★ □ 4 3のような物質を何というか。

□ 5 4の多くは，燃やすと二酸化炭素のほかに何ができるか。

密度

□ 6 物質の一定の体積あたりの質量を，その物質の何というか。

★ □ 7 180 g の物体の体積は 30 cm^3 であった。この物体をつくる物質の密度は何 g/cm^3 か。

□ 8 体積が 10.0 cm^3 で，密度が 7.87 g/cm^3 の物体の質量は何 g か。

□ 9 8の物体を水銀に入れると物体は浮《う》くか，沈《しず》むか。ただし，水銀の密度は 13.55 g/cm^3 である。

□ 10 密度が 20 g/cm^3 の物体Aと 50 g/cm^3 の物体Bがある。物体AとBが同じ質量のとき，体積が大きいのはどちらか。

解答

1 金属光沢《きんぞくこうたく》

2 非金属

3 砂糖，片栗粉
無機物は燃えた場合も炭にならない。

4 有機物

5 水

6 密度

7 6.0 g/cm^3
密度＝質量÷体積

8 78.7 g
質量＝密度×体積

9 浮く

10 物体A

ぷちトク！ 金属の特徴《とくちょう》

① 電気を通す。
② 金属光沢がある。
③ 展性・延性がある。
④ 熱をよく伝える。

物質

3 気体の性質

出る率

気体の発生と集め方

	解答
□ 1 鉄や亜《あ》鉛《えん》などの金属にうすい塩酸を加えると発生する気体は何か。	1 水素
□ 2 1はどのような方法で集めるとよいか。	2 水上《すいじょう》置《ち》換法《かんほう》
□ 3 塩化アンモニウムと水酸化カルシウムを混ぜ合わせて加熱したとき，発生する気体は何か。	3 アンモニア
□ 4 3の気体は水にとけやすいか，とけにくいか。	4 とけやすい
★ □ 5 3の気体はどのような方法で集めるとよいか。	5 上方置換法
★ □ 6 酸素を発生させるためには二酸化マンガンに何を加えるか。	6 うすい過酸化水素水[オキシドール]
□ 7 水にとけやすく，空気より密度が大きい(重い)気体はどのような方法で集めるとよいか。	7 下方置換法

気体の性質

	解答
★ □ 8 二酸化炭素をある液体に通すと白くにごった。ある液体とは何か。	8 石灰水《せっかいすい》
□ 9 アルカリ性の水溶液《すいようえき》にフェノールフタレイン溶液を加えると何色になるか。	9 赤色
□ 10 酸素で満たした試験管に火のついた線香《せんこう》を入れるとどうなるか。	10 激しく燃える
□ 11 黄緑色で漂白《ひょうはく》作《さ》用《よう》のある気体は何か。	11 塩素
□ 12 もっとも密度の小さい気体は何か。	12 水素

ぷちトク！ よく出る気体の見分け方

① 二酸化炭素→石灰水に通すと白くにごる。

② 水素→マッチの火を近づけると音を立てて燃える。

③ 酸素→火のついた線香が激しく燃える。

物質

4 水溶液の性質

出る率

質量パーセント濃度と水溶液

解答

□ **1** 砂糖を水にとかし2日間置いたときの様子は次のア～ウのどれか。

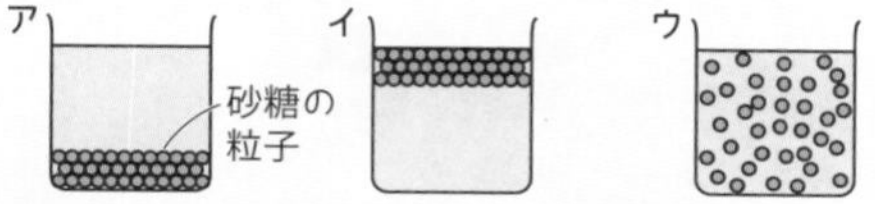

1 ウ

□ **2** 砂糖水のように2種類以上の物質が混ざってできている物質を何というか。

2 混合物

★ □ **3** 180 gの水に20 gの砂糖をとかした。このときの質量パーセント濃度《のうど》は何%か。

3 10 %

$\frac{20}{180+20}\times100$

□ **4** 質量パーセント濃度が16 %の食塩水150 gにとけている食塩は何gか。

4 24 g

$150\times\frac{16}{100}$

溶解度と再結晶

□ **5** 一定量の水にとかすことのできる物質の最大の質量を，その物質の何というか。

5 溶解度《ようかいど》

★ □ **6** 物質が**5**までとけている水溶液を何というか。

6 飽和水溶液《ほうわすいようえき》

□ **7** 右の図の溶解度曲線で，70°Cの**6**を20°Cまで下げたとき，とけきれなくなった物質の結晶《けっしょう》が多く出てくるのはどちらか。

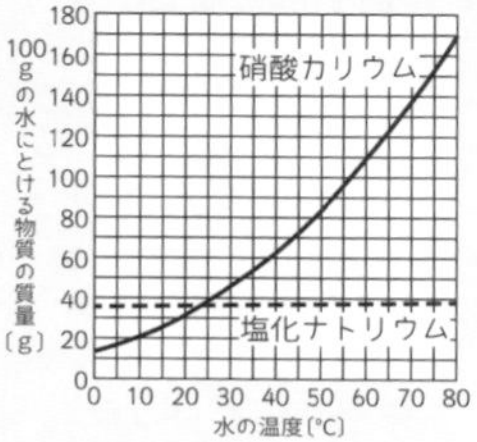

7 硝酸《しょうさん》カリウム

★ □ **8** **7**のように，物質を一度水にとかしてから再び結晶としてとり出す方法を何というか。

8 再結晶

ぷちトク！ 再結晶の方法

硝酸カリウムの溶解度は，温度が下がることで大きく低下し再結晶しやすい。

塩化ナトリウムの溶解度は，温度が変わってもあまり変化しない。

→塩化ナトリウムを再結晶させるには，水溶液の水分を蒸発させる。

5 物質　物質の状態変化

出る率

状態変化

解答

□ **1** 同じ質量の水について，固体，液体，気体のうちもっとも体積が大きいのはどれか。

1 気体

□ **2** 次の文の空らんについて，あてはまる語は加熱・冷却《れいきゃく》のうちどちらか。

① 固体を（　　）すると液体になる。

② 気体を（　　）すると液体になる。

2 ① 加熱
② 冷却

□ **3** 同じ質量のロウについて，固体と液体のうち体積が小さいのはどちらか。

3 固体

★ □ **4** 次の図のB，E点の温度をそれぞれ何というか。

純粋《じゅんすい》な物質の加熱時間と温度の関係

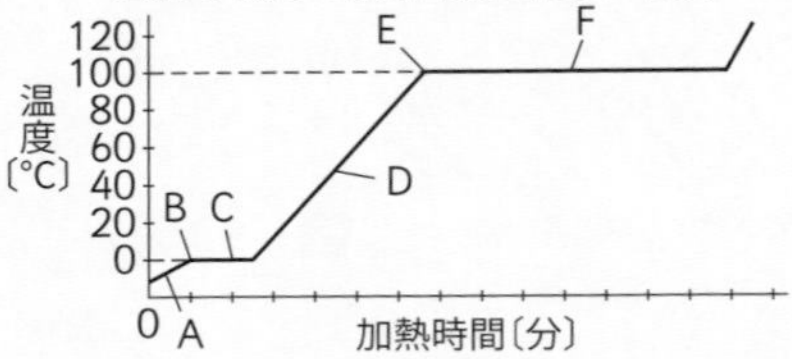

4 B 融点《ゆうてん》
E 沸点《ふってん》
純粋な物質では，固体がとけたり液体が沸騰《ふっとう》したりするときの温度は一定となる。

★ □ **5** **4**の図で，液体と固体が混ざった状態になっているのは，A～Fのどこか。

5 C
図は水の状態変化を表したグラフである。

蒸留

□ **6** 水とエタノールの混合物を加熱した。初めに多く出てくる気体は，水とエタノールのどちらか。

6 エタノール

□ **7** **6**のように液体を分ける方法を何というか。

7 蒸留

★ □ **8** **7**の方法で物質が分けられるのは，物質の何のちがいを利用しているからか。

8 沸点

ぷちトク！ 物質の温度変化

① 純粋な物質→グラフに水平な部分がある→融点や沸点が決まっている。

② 混合物→グラフに水平な部分はない→融点や沸点がはっきりしない。

物質

6 原子と分子

出る率

原子と分子と化学式

	解答
□ 1 化学変化ではそれ以上分割できない，物質をつくる最小の粒子《りゅうし》を何というか。	1 原子
□ 2 1がいくつか結びついて，物質の性質を表す最小の単位となっている粒子を何というか。	2 分子
□ 3 1種類の元素だけでできている物質を何というか。	3 単体
★ □ 4 化学式をそれぞれ書きなさい。 ① 二酸化炭素 ② マグネシウム ③ 塩化ナトリウム ④ 水素	4 ① CO_2 ② Mg ③ NaCl ④ H_2
□ 5 4の物質のうち化合物をすべて答えなさい。	5 二酸化炭素，塩化ナトリウム

分解

	解答
□ 6 1種類の物質が2種類以上の物質に分かれる化学変化を何というか。	6 分解
★ □ 7 水を電気分解するとどのような物質ができるか，化学式ですべて答えなさい。	7 H_2，O_2
□ 8 7で，電流を通しやすくするために水に何を加えればよいか。	8 水酸化ナトリウム
□ 9 酸化銀を熱するとどのような物質ができるか，化学式ですべて答えなさい。	9 Ag，O_2
★ □ 10 炭酸水素ナトリウムを熱して生じた液体は，塩化コバルト紙を青色から何色に変化させるか。	10 赤色［桃色《ももいろ》］

ぷちトク！ 水の電気分解

① 陰極《いんきょく》→水素が発生。マッチの火を近づけるとポンと音を立てて燃える。

② 陽極→酸素が発生。火のついた線香《せんこう》が激しく燃える。

物質

7 化学変化

出る率

結びつく化学変化

解答

□ 1 2種類以上の元素が結びついてできている物質を何というか。

1 化合物

□ 2 化学式を用いて化学変化を式に表したものを何というか。

2 化学反応式

□ 3 物質が酸素と結びつくことによってできた物質を何というか。

3 酸化物
酸素と結びつくことを酸化という。

★ □ 4 物質が光や熱を出しながら激しく酸化することを何というか。

4 燃焼

□ 5 スチールウールを燃やすと何ができるか。

5 酸化鉄

□ 6 水素を燃やすと何ができるか。

6 水
$2H_2 + O_2 \longrightarrow 2H_2O$

還元

□ 7 密閉した容器の中で，酸化銅と炭素の混合物を加熱したときに出てくる気体は何か。

7 二酸化炭素

□ 8 酸化銅と炭素の混合物を加熱したあとに残る，金属光沢《きんぞくこうたく》のある物質は何か。

8 銅

□ 9 7の実験で，酸化銅は炭素によって酸素をうばわれた。この化学変化を何というか。

9 還元《かんげん》

★ □ 10 9が起こるとき，同時に起こる化学変化は何か。

10 酸化

□ 11 酸化銅と炭素の混合物を加熱すると，銅と二酸化炭素が発生した。この化学変化を化学反応式で表しなさい。

11 $2CuO + C$
$\longrightarrow 2Cu + CO_2$

ぷちトク！ 還元でできる物質

① 酸化物＋炭素で還元したときは，二酸化炭素ができる。

② 酸化物＋水素で還元したときは，水ができる。

8 化学変化と質量

出る率

化学変化と質量

解答

□ 1 うすい硫酸《りゅうさん》と水酸化バリウム水溶液《すいようえき》を混ぜる前とあとの全体の質量は，どのように変化するか，または変化しないか。

1 変化しない

□ 2 1の法則を何というか。

2 質量保存の法則

★ □ 3 次の図より，マグネシウムの質量と，生じた酸化マグネシウムの質量の比を求めなさい。

金属の加熱前後の質量の関係

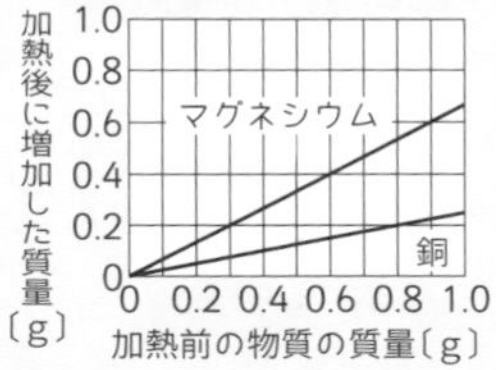

3 3：5
マグネシウム0.6 gに酸素0.4 gが結びついている。

□ 4 3より，6.0 gのマグネシウムから何gの酸化マグネシウムができることがわかるか。

4 10.0 g
$6.0\ g \times \frac{5}{3}$

★ □ 5 3の図より，酸化銅ができるときの銅と酸素の質量の比を求めなさい。

5 4：1

発熱反応と吸熱反応

★ □ 6 鉄粉と活性炭の混合物に食塩水を加えると温度は上がるか，下がるか。

6 上がる

□ 7 温度が6のようになる反応を何というか。

7 発熱反応

□ 8 水酸化バリウムに塩化アンモニウムを加えると温度は上がるか，下がるか。

8 下がる

□ 9 温度が8のようになる反応を何というか。

9 吸熱反応

ぷちトク！ 物質が反応するときの質量の比

① 求めたい質量をxとして，比の計算で解く。

② マグネシウム：酸素＝3：2，銅：酸素＝4：1の質量の比で反応する。

物質

9 水溶液とイオン・電池

出る率

電解質と電離

問題	解答
□ 1 水にとかしたとき，水溶液《すいようえき》に電流が流れる物質を何というか。	1 電解質
□ 2 原子が（　a　）を失って＋の電気を帯びたものを（　b　）イオンという。	2 a 電子 b 陽
□ 3 物質が水にとけて陽イオンと陰《いん》イオンに分かれることを何というか。	3 電離《でんり》
★ □ 4 塩化ナトリウム（NaCl）の 3 を表す式を化学式を使って書きなさい。	4 $NaCl \longrightarrow Na^{+} + Cl^{-}$
□ 5 塩化水素（HCl）の 3 を表す式を化学式を使って書きなさい。	5 $HCl \longrightarrow H^{+} + Cl^{-}$
□ 6 塩化銅水溶液に電流を流したとき，陽極に発生する物質は何か。	6 塩素

電池

問題	解答
□ 7 うすい塩酸に銅板と亜鉛板《あえんばん》を入れてモーターをつないだとき，モーターは回るか，回らないか。	7 回る
□ 8 7 のような装置を何というか。	8 電池［化学電池］
★ □ 9 7 では，電子は（　a　）板から（　b　）板に向かって動く。	9 a 亜鉛 b 銅
★ □ 10 7 において，－極になるのは銅板と亜鉛板のどちらか。	10 亜鉛板
□ 11 亜鉛，銅，マグネシウムのうち，最もイオンになりやすい金属はどれか。	11 マグネシウム

ぷちトク！ 電池のポイント

① 電池になるのは，電解質の水溶液に2種類の金属板を入れたとき。

② 銅と亜鉛，銅とマグネシウムの組み合わせの電池
→銅は＋極，亜鉛とマグネシウムは－極になる。

10 酸・アルカリとイオン

酸とアルカリ

解答

□ **1** 水に溶かしたとき電離《でんり》して水素イオンを生じる化合物を何というか。
1 酸

□ **2** 酸の水溶液は，青色のリトマス紙を何色に変えるか。
2 赤色

□ **3** 酸の水溶液《すいようえき》にマグネシウムリボンを入れると発生する気体は何か。
3 水素

□ **4** アルカリの水溶液に電流は流れるか流れないか。
4 流れる

□ **5** アルカリの水溶液に緑色のBTB溶液を加えると何色になるか。
5 青色

□ **6** アルカリは電離すると何イオンを生じるか。
6 水酸化物イオン

★□ **7** 水酸化ナトリウムが電離する様子を化学式を使って書きなさい。
7 $NaOH \longrightarrow Na^{+} + OH^{-}$

□ **8** 中性の水溶液のpHはいくつか。
8 7

中和

★□ **9** 酸の陽イオンとアルカリの陰《いん》イオンが結びついて水ができる反応を何というか。
9 中和（反応）

□ **10** **9**の反応により酸の陰イオンとアルカリの陽イオンが結びついて何が生じるか。
10 塩《えん》

★□ **11** 塩酸と水酸化ナトリウム水溶液を混ぜたときの反応を表した，次の化学反応式を完成させなさい。
$HCl + NaOH \longrightarrow (\quad\quad) + NaCl$
11 H_2O

ぷちトク！ 中和の化学反応式を書くコツ

① 酸のHとアルカリのOHの部分を見つけてH_2O（水）をつくる。

② 化学式の残った部分をくっつけて塩をつくる。

$HCl + NaOH \rightarrow H_2O + NaCl$

エネルギー

11 光の性質

出る率

光の反射・屈折

★ □ **1** 右の図で，Aを（　a　），Bを（　b　）という。

□ **2** **1**の2つの角が等しいことを何というか。

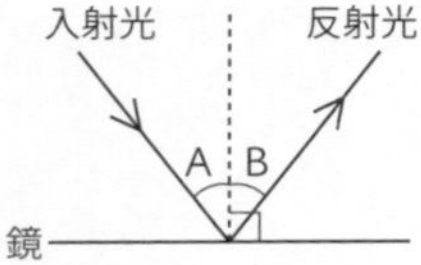

□ **3** ななめに入射する光が境界面で曲がることを，光の何というか。

□ **4** 光がガラスなどから空気中へ進むとき，入射角が一定以上大きくなるとすべての光が反射するようになる。この現象を何というか。

凸レンズのはたらき

□ **5** 光軸《こうじく》に平行な光は，凸レンズを通ると1点に集まる。この点を（　a　）といい，凸レンズからaまでの距離《きょり》を（　b　）という。

★ □ **6** 物体が凸レンズの焦点の外側にあるとき，スクリーン上に映る像を何というか。

□ **7** **6**は物体と同じ向きか，上下左右逆向きか。

★ □ **8** 物体が凸レンズの焦点の内側にあるとき，凸レンズをのぞくと見える像を何というか。

□ **9** **8**は物体と同じ向きか，上下左右逆向きか。

□ **10** 焦点距離が15 cmの凸レンズで，物体と同じ大きさの実像ができるとき，凸レンズの中心から物体までの距離は何cmか。

解答

1 a 入射角《じゅうしゃかく》
b 反射角《はんしゃかく》

2 （光の）反射の法則

3 （光の）屈折《くっせつ》

4 全反射《ぜんはんしゃ》
この現象は通信に使われている光ファイバーにも利用されている。

5 a 焦点《しょうてん》
b 焦点距離

6 実像《じつぞう》

7 上下左右逆向き

8 虚像《きょぞう》

9 同じ向き

10 30 cm
焦点距離の2倍の位置に物体があるとき，物体と同じ大きさの実像ができる。

ぷちトク！ 光の問題を解くコツ

① 物体が凸レンズの焦点に近いほど，できる像は大きいと考える。

② 光の屈折する向きは，右の図のような道すじで覚えるとまちがえにくい。

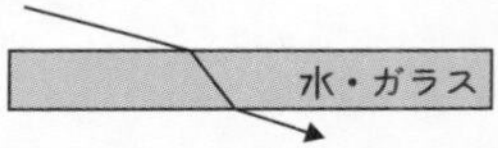

エネルギー

12 音の性質

出る率

音の伝わり方

解答

□ **1** 音を発しているものを何というか。

1 音源《おんげん》［発音体《はつおんたい》］

□ **2** 音は，水のような液体中を伝わるか。

2 伝わる

□ **3** 音は，何もない真空中を伝わるか。

3 伝わらない

□ **4** 音の伝わる速さは，気体中と固体中では，どちらが速いか。

4 固体中

★ □ **5** 雷《かみなり》の光が見えた2秒後に音が聞こえた。音の速さが340 m/sのとき，雷までの距離《きょり》は何mか。

5 680 m
距離＝速さ×時間

音の大きさと高さ

□ **6** 音の大きさは音源の何によって決まるか。

6 振幅《しんぷく》

□ **7** **6**が大きいほど，音はどうなるか。

7 大きくなる

□ **8** 弦《げん》などが1秒間に振動《しんどう》する回数を何というか。

8 振動数

□ **9** **8**の単位は何か。

9 ヘルツ［Hz］

□ **10** **8**が多いほど，音はどうなるか。

10 高くなる

★ □ **11** 次のア～ウは，オシロスコープで見た音の波形である。

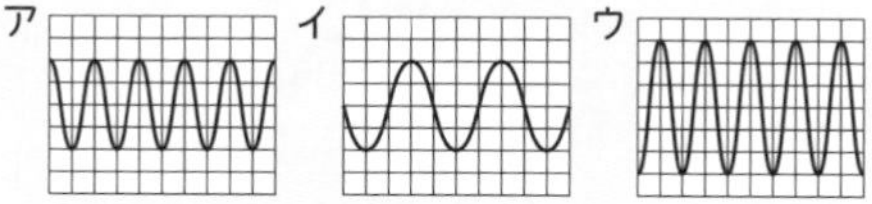

① もっとも音が大きいのは，どれか。
② もっとも音が低いのは，どれか。

11 ① ウ
② イ
オシロスコープではふつう，横軸《よこじく》が時間，縦軸が振幅を表す。

ぷちトク！ 音の性質

① 高い音は，振動数(Hz)が多く，オシロスコープで観察したとき山や谷がたくさん見られる。

② 高い音を出すには，弦を短くしたり，弦を張る力を強くしたりする。

エネルギー

13 力の大きさ

出る率

いろいろな力

★ □ **1** ばねやゴムのように，変形したものがもとに戻《もど》ろうとする向きにはたらく力を何というか。

□ **2** 2つの物体が接して運動をしているとき，運動をさまたげるようにはたらく力を何というか。

□ **3** 地球の中心の向きにはたらく力を何というか。

□ **4** ある物体が面をおすとき，その面がその力に逆らって物体を垂直におし返す力を何というか。

力の大きさとばねののび

□ **5** 地球上で 100 g の物体にはたらく重力の大きさは，およそ1(　　)である。

★ □ **6** ばねののびは，ばねを引く力の大きさとどのような関係にあるか。

□ **7** **6**の関係を何の法則というか。

□ **8** 1 Nで2 cmのびるばねに50 gのおもりをつるしたとき，ばねはおよそ何cmのびるか。

力のつり合い

★ □ **9** 1つの物体にはたらく2力がつり合うとき，次の関係が成り立つ。

- 2力の大きさは，(　a　)。
- 2力は(　b　)上にある。
- 2力の向きは(　c　)向きである。

解答

1 弾性《だんせい》の力［弾性力］

2 摩擦力《まさつりょく》

3 重力

4 垂直抗力《すいちょくこうりょく》

5 ニュートン［N］

6 比例の関係

7 フックの法則

8 1 cm

9 a 等しい
b 一直線
c 逆［反対］

ぷちトク！ 重さと質量を見分ける

① 重さ→ばねばかりを使ってはかる。重力の大きさなので，はかる場所で変わる。

② 質量→上皿てんびんを使ってはかる。はかる場所を変えても同じ。

エネルギー

14 電流と電子

出る率

電気の発生

解答

□ 1 物体をこすり合わせると発生する電気を（　a　）といい，（　b　）が移動することで生じる。

1 a 静電気
b 電子

□ 2 1(b)は，＋と－どちらの電気を帯びているか。

2 －(の電気)

□ 3 同じ種類の電気を帯びた物体どうしを近づけるとどうなるか。

3 しりぞけ合う

電流の正体

□ 4 気圧を低くした空気の中を電流が流れる現象を何というか。

4 真空放電
この現象は蛍光灯などに利用されている。

□ 5 右の図で，蛍光板《けいこうばん》を光らせているものはア，イどちらの向きに出ているか。

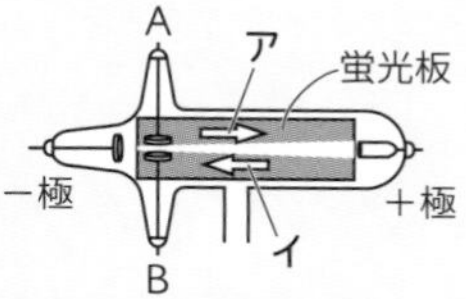

クルックス管の両端に高い電圧をかけると光の線が現れた。

5 ア

□ 6 5で，蛍光板を光らせているものを何というか。

6 陰極線《いんきょくせん》［電子線］

★ □ 7 クルックス管の実験より，電子は，（　a　）極から（　b　）極に動くことがわかる。

7 a －［マイナス］
b ＋［プラス］

□ 8 右上の図のAに＋端子《たんし》，Bに－端子をつなぎ電圧をかけたとき光の線はどうなるか。

8 上の方向に曲がる
電子は－に帯電しているので＋極に引き寄せられる。

★ □ 9 電子の移動により生じる電気の流れを何というか。

9 電流

ぷちトク！ 電子と電流の向き

① 電子(－)はマイナス極→プラス極に動く。
② 電流はプラス極→マイナス極に流れる。

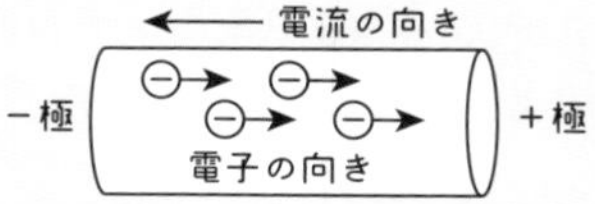

エネルギー

15 電流と電圧

出る率

電流

□ **1** 図1のイの回路を何というか。

□ **2** 図1のアで，電流は，A，Bどちらの向きに流れるか。

□ **3** 図1で，ア，イのどちらの電球がより明るくつくか。

図1

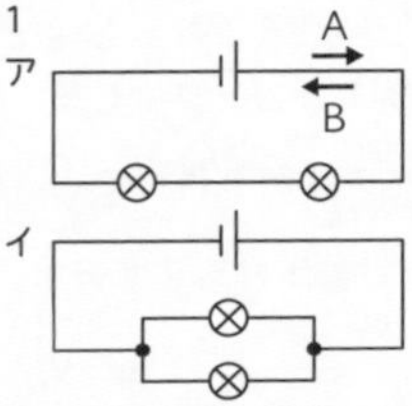

※ア，イは同じ電源，電球を使用している。

★ □ **4** 図2で，A，Bに流れる電流の大きさはそれぞれ何Aか。

図2

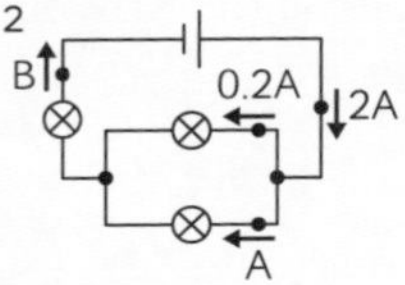

電圧

□ **5** 電圧の大きさがわからないとき，電圧計の一端《たん》子《し》はどんな値の書いてあるものにつなぐか。

★ □ **6** 次の図のA，Bにかかる電圧はそれぞれ何Vか。

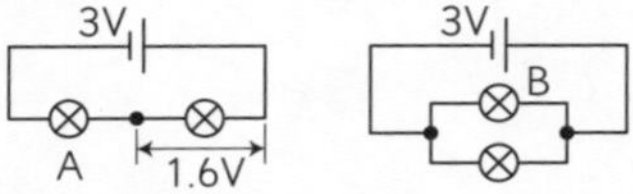

★ □ **7** 次のア～ウのうち，正しいつなぎ方はどれか。

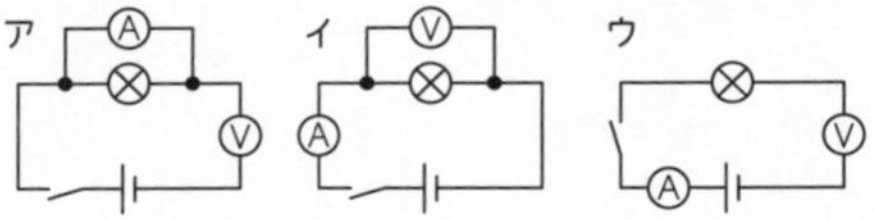

解答

1 並列回路
アの回路は直列回路である。

2 A
電池の記号の長いほうが＋極。

3 イ

4 A 1.8 A
B 2 A
並列回路では，2つの電球に流れる電流の和が，回路全体に流れる電流と等しい。

5 もっとも大きな値

6 A 1.4 V
B 3 V
直列回路では，2つの電球にかかる電圧の和が，回路全体にかかる電圧と等しい。

7 イ
電流計は回路に直列に，電圧計ははかりたいところに並列につなぐ。

ぷちトク！ 電流と電圧のポイント

① 直列→電流はA＝B＝C，電圧はA＝B＋C

② 並列→電流はA＝B＋C，電圧はA＝B＝C

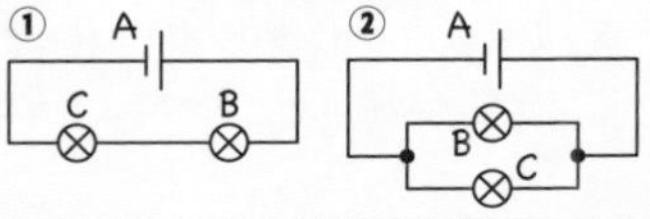

16 オームの法則

出る率

電流と電圧と抵抗の関係

解答

□ **1** 右の図より，電流と電圧にはどのような関係が成り立つといえるか。

抵抗器《ていこうき》A,Bの電流と電圧の関係

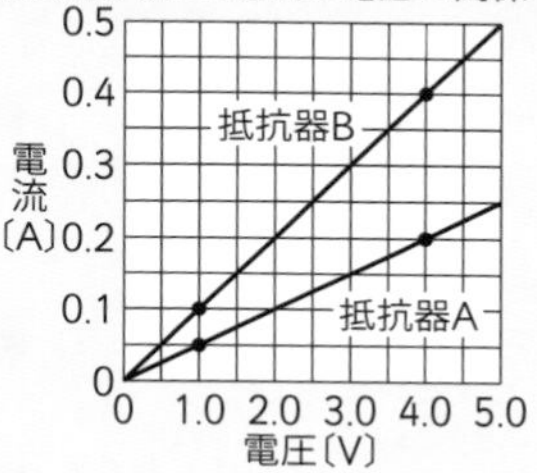

★ □ **2** **1**の関係のことを何の法則というか。

□ **3** **1**の図の抵抗器A，Bで，電気抵抗がより小さいのはどちらか。

1 比例の関係
抵抗器に加わる電圧が大きいほど，流れる電流も大きくなる。

2 オームの法則

3 抵抗器B

オームの法則

□ **4** 抵抗を求める式は，抵抗〔Ω〕$=\dfrac{(\quad a\quad)}{(\quad b\quad)}$

★ □ **5** 図1のAにかかる電圧は（　a　）V，回路全体の抵抗は（　b　）Ωである。

図1

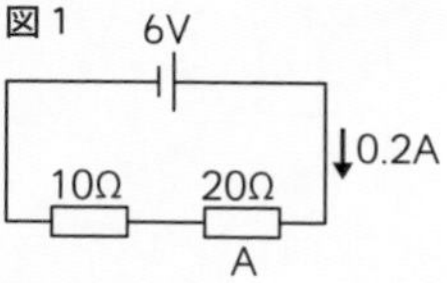

★ □ **6** 図2のBを流れる電流は（　a　）A，回路全体の抵抗は（　b　）Ωである。

図2

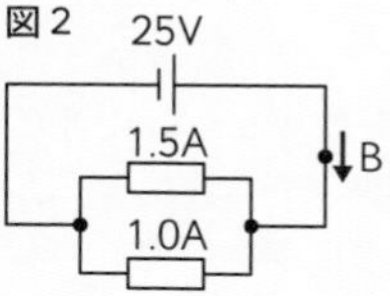

□ **7** 木のように電気抵抗がとても大きく，ほとんど電気を通さない物質を何というか。

4 a 電圧〔V〕
b 電流〔A〕

5 a 4
電圧〔V〕＝抵抗〔Ω〕×電流〔A〕
b 30

6 a 2.5
b 10
抵抗〔Ω〕＝電圧〔V〕÷電流〔A〕

7 不導体［絶縁体《ぜつえんたい》］

ぷちトク！ オームの法則で使える公式

① 電流(I)・電圧(V)・抵抗(R)の関係→$V=RI$

② 回路全体の抵抗→<直列>$R=R_1+R_2$，<並列>$\dfrac{1}{R}=\dfrac{1}{R_1}+\dfrac{1}{R_2}$

エネルギー

17 電気エネルギー

出る率

電力〔W〕と電力量〔J〕

□ **1** 1秒間に使用される電気エネルギーの大きさを表すことばを何というか。

□ **2** 電力〔W〕＝（　a　）〔V〕×（　b　）〔A〕
電力量〔J〕＝電力〔W〕×（　c　）〔s〕

★□ **3** 消費電力1000 Wの電子レンジを3分間使ったときの電力量は何Jか。

□ **4** 消費電力300 Wのヒーターを6時間使ったときの電力量は何Whか。

電熱線の熱量と水の温度上昇

★□ **5** 右の図のように，容器に100 gの水と電熱線を入れ，2.0 Vの電圧で2.1 Aの電流を流した。

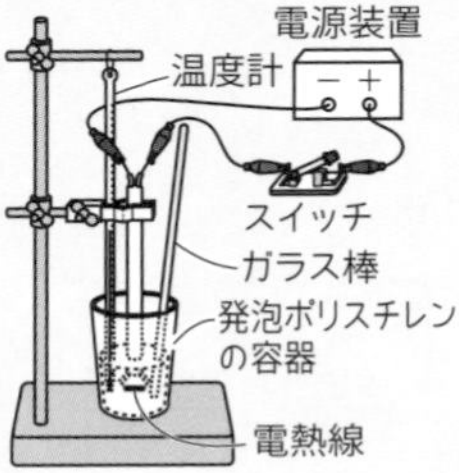

① 5分間電流を流したとき，発生する熱量は何Jか。

② 5分間電流を流したとき，水の温度は3 ℃上昇した。10分間電流を流すと，水は何℃上昇するか。ただし，電熱線から発生した熱はすべて水の温度上昇に使われるものとする。

★□ **6** 電流により発生する熱量は，（　a　）と電流を流した時間に（　b　）する。

解答

1 電力

2 a 電圧
b 電流
c 時間

3 180000 J
3分間は180秒

4 1800 Wh
1Whは，1Wの電力を1時間消費したときの電力量。

5 ① 1260 J
熱量〔J〕＝電力〔W〕×時間〔s〕
② 6 ℃

6 a 電力
b 比例

ぷちトク！ ジュール(J)の問題を解くコツ

① 電力量・発熱量〔J〕＝電力〔W〕×時間〔s〕 とまとめて覚える。
② 電力〔W〕＝電圧〔V〕×電流〔A〕
③ 時間が秒であることに注意する。

18 エネルギー 電流と磁界

出る率

電流による磁界

★ □ **1** 右の図のA，Bの方位磁針の針はどうなっているか。ア～エから選びなさい。

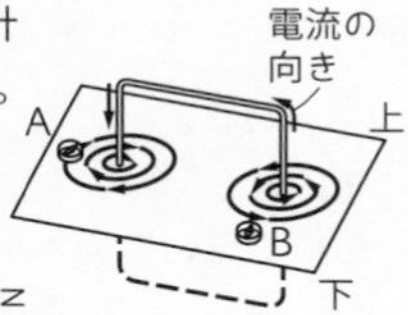

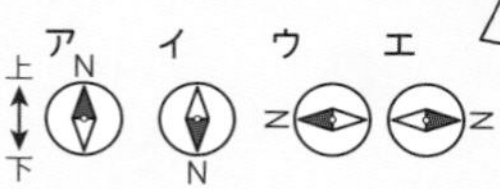

電流が磁界から受ける力

□ **2** 右の図のような装置でコイルに電流を流すと，コイルはアの向きに振《ふ》れた。

① N極とS極を入れかえ，電流の向きを逆にすると，コイルはア，イのどちらに振れるか。

② 流す電流を大きくすると，コイルの振れる大きさはどうなるか。

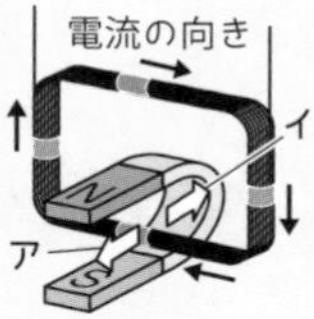

電磁誘導

★ □ **3** コイルにN極を近づけると検流計の針は右に振れた。図のように磁石を動かすと針は（ a ）に振れたあと（ b ）に振れる。

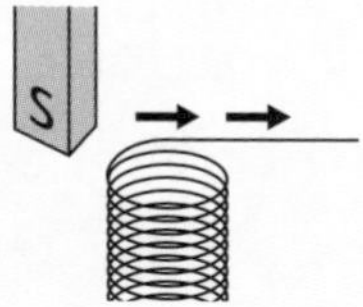

□ **4** **3**のとき流れる電流を何というか。

□ **5** 向きが周期的に変わる電流を何というか。

解答

1 A ア
B エ
右ねじを回す向きと，進む向きをもとに考える。
N極が指す向きが磁界の向きである。

2 ① ア
N極とS極を入れかえると磁界の向きが逆になる。
② 大きくなる

3 a 左
b 右

4 誘導電流

5 交流

ぷちトク！ 誘導電流の向き

電磁誘導で，N極を近づけたら検流計の針が「右に振れる」とき

① S極を近づけたら，その逆で「左に振れる」。

② S極を遠ざけたら，逆の逆で「右に振れる」。

エネルギー

19 物体の運動

出る率

速さの計算

解答

★ □ **1** 時速50 km で30分間移動すると何 km 進むか。

1 25 km
距離＝速さ×時間

速さの変わらない運動

□ **2** 一定の速さで一直線上を動く運動を何というか。

2 等速直線運動

★ □ **3** **2**の運動で物体が進む距離《きょり》は，速さと何に比例するか。

3 時間

□ **4** **2**の運動では，物体の進む方向に力がはたらいているか。

4 はたらいていない

速さの変わる運動

★ □ **5** 物体が斜面《しゃめん》を下る運動をテープに記録した。

① Aが記録されたときの物体の平均の速さは何 cm/s か。

② 物体が動き出してから0.4 秒までの平均の速さは何 cm/s か。

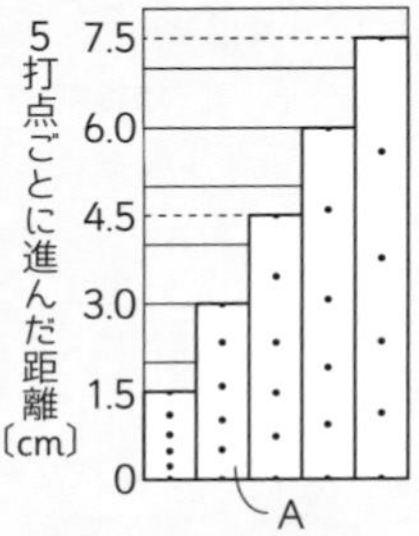

1秒間に50回の点を打つ記録タイマーを用いて，5打点ごとにテープを切る。

5 ① 30 cm/s
テープ1本あたりの時間が0.1秒であり，その間に3 cm進んだ。

② 37.5 cm/s
テープ4本あたりの時間が0.4秒であり，その間に，1.5＋3＋4.5＋6＝15cm進んだ。

□ **6** 静止していた物体が真下に落下する運動を何というか。

6 自由落下（運動）

□ **7** **6**のときに物体にはたらき続ける力は何か。

7 重力

ぷちトク！ 記録テープの問題をサクッと解く式

記録テープの長さから平均の速さを求めるとき，

記録テープの平均の速さ＝$\dfrac{\text{求めたい時間のテープ全部をたした長さ}}{\text{求めたい時間の秒数}}$

エネルギー

20 力のはたらき方

出る率

力の合成と分解

解答

★ □ **1** 力Aと力Bの合力の大きさがもっとも小さいのは次のア～ウのどれか。

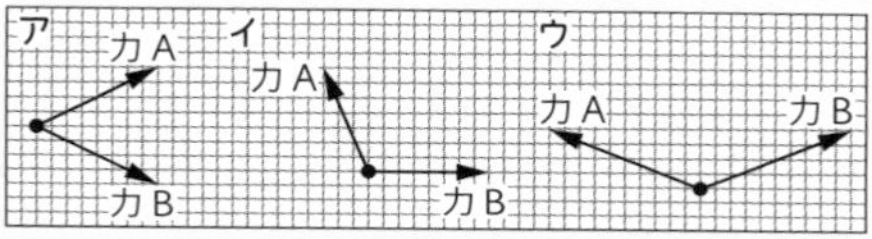

1 ウ
2力を2辺とした平行四辺形をかいたとき，その対角線が合力である。

□ **2** 1つの力をいくつかの力に分けるとき，分解して求めた力をもとの力の何というか。

2 分力

水圧と浮力

□ **3** 水圧は，水面から深いところほどどうなるか。

3 大きくなる［高くなる］

★ □ **4** 100 gの物体を水中に沈《しず》めて，ばねばかりで重さをはかると0.7 Nであった。このとき物体にはたらいた浮力《ふりょく》は何Nか。ただし，100 gの物体にはたらく重力の大きさを1 Nとする。

4 0.3 N
1N－0.7N

力の性質

□ **5** 静止している物体は静止し続け，動いている物体は動き続ける性質を何というか。

5 慣性

□ **6** 次の図のようにオールBでボートAをおしたとき，AとBにはたらく力の大きさを比べるとどうなっているか。

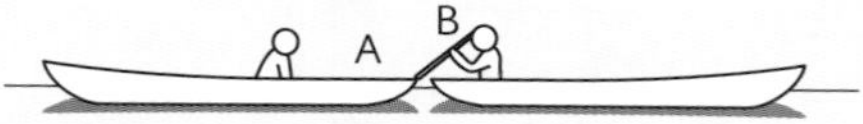

6 等しい

★ □ **7** **6**の関係は何という法則によるものか。

7 作用・反作用の法則

ぷちトク！ 浮力と水圧のポイント

① 浮力は，(空気中ではかった重さ)－(水中ではかった重さ)で求める。
② 水中にある部分の体積が大きいほど浮力は大きい。
③ 水圧の大きさは，水面からの深さに比例する。

エネルギー

21 力学的エネルギーと仕事

出る率

位置エネルギーと運動エネルギー

解答

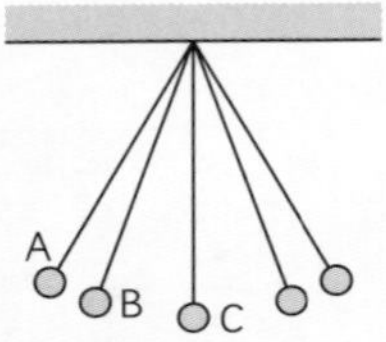

★ □ **1** 右の図でおもりの位置エネルギーがもっとも大きいのはA～Cのどこか。

1 A

□ **2** 右の図のおもりをより重くして同じ速さで振ると，最大の運動エネルギーはどうなるか。

2 大きくなる
速さが同じとき，質量が大きいほど，できる仕事も大きい。

□ **3** 位置エネルギーと運動エネルギーの和を何というか。

3 力学的エネルギー

仕事と仕事率

100 gの物体にはたらく重力を1 Nとして，次の問いに答えなさい。

★ □ **4** 500 gの物体を20 cm上げる仕事は何Jか。

4 1 J
5 N×0.2m

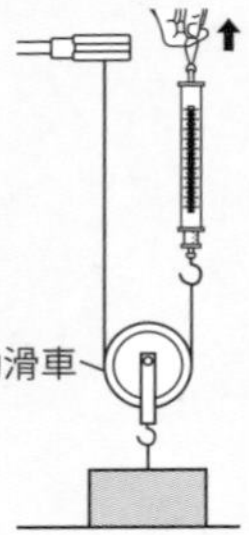

□ **5** 右の図のように動滑車《どうかっしゃ》1つを使い500 gの物体を20 cm引き上げるとき，引き上げる力は（　a　）N，引く距離《きょり》は（　b　）cmになる。

5 a 2.5
b 40
動滑車を図のように使うと，引く力は$\frac{1}{2}$倍，引く距離は2倍になる。

□ **6** **4**と**5**の仕事の大きさは変わらない。この原理を何というか。

6 仕事の原理

□ **7** 仕事率〔W〕＝$\dfrac{(\text{　a　})〔\text{J}〕}{(\text{　b　})〔\text{s}〕}$

7 a 仕事
b 時間

★ □ **8** 2 kgの物体を2 m上げるのに4 秒かかった。このときの仕事率は何Wか。

8 10 W
仕事率〔W〕＝$\dfrac{\text{仕事〔J〕}}{\text{仕事にかかった時間〔s〕}}$

ぷちトク！ 道具を使った仕事と距離

① 動滑車を1つ使うと，引く力は$\frac{1}{2}$倍，引く距離は2倍になる。

② てこを使って，おす力が$\frac{1}{○}$倍になるとき，動かす距離は○倍になる。

エネルギー

22 エネルギーと放射線

出る率

エネルギーの利用

	解答
□ 1 離《はな》れた物体間で熱が伝わる現象を何というか。	1 放射［熱放射］
★ □ 2 エネルギーが変換の前後で，総量が一定に保たれることを何というか。	2 エネルギー保存の法則［エネルギーの保存］
□ 3 水のもつ位置エネルギーを利用して，水車を回し発電するのは何発電か。	3 水力発電
□ 4 地下のマグマの熱でつくられた水蒸気を利用して発電するのは何発電か。	4 地熱発電
□ 5 生物由来の有機物などを燃焼させることによって発電するのは何発電か。	5 バイオマス発電
★ □ 6 ❸～❺のような，減少することがないエネルギーを何というか。	6 再生可能(な)エネルギー
□ 7 化石燃料を燃焼させて発電するのは何発電か。	7 火力発電
□ 8 核燃料《かくねんりょう》内で起こる核分裂《かくぶんれつ》を利用して発電するのは何発電か。	8 原子力発電
□ 9 水素と酸素を化学反応させることで電気をとり出す装置を何というか。	9 燃料電池 有害なガスを出さない動力源として，自動車などに使われている。

放射線

	解答
★ □ 10 α《アルファ》線やβ《ベータ》線，γ《ガンマ》線，X線，中性子線などを放出する物質を何というか。	10 放射性物質
□ 11 ❿で示したうち，紙でさえぎることができるものは何か。	11 α線

ぷちトク！ 再生可能エネルギーと放射線の種類

① 再生可能エネルギーには，太陽光，風力，地熱，バイオマスなどがある。

② 放射線にはα線，β線，γ線，X線，中性子線などがあり，放射性物質が放射線を出す能力を放射能という。

ぷち まとめ よく出る作図問題のコツ

◉ 化学変化を表すモデル

・炭素＋酸素→二酸化炭素
（炭素原子○，酸素原子●）

・銅＋酸素→酸化銅
（銅原子○，酸素原子●）

・水→水素＋酸素
（水素原子○，酸素原子●）

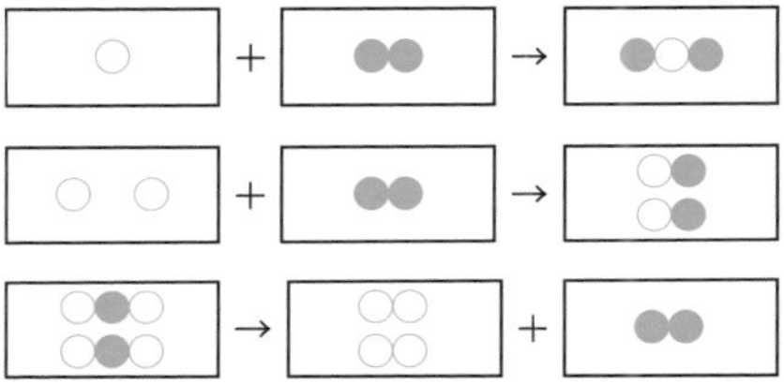

◉ 凸《とつ》レンズのつくる実像と虚像《きょぞう》

・実像
物体が焦点距離の（2倍）の位置にあるとき，物体と（同じ大きさ）で上下左右が逆の像ができる。

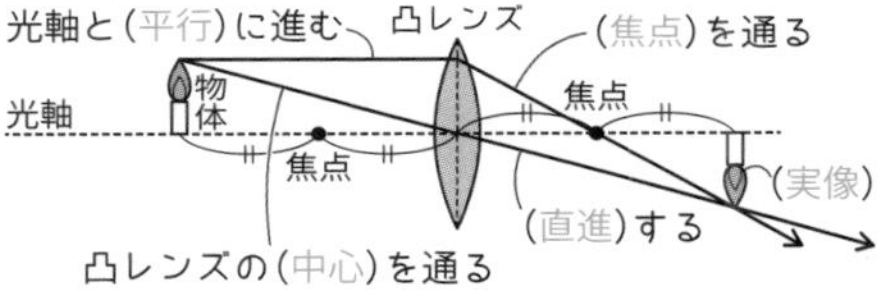

・虚像
物体が凸レンズと（焦点）の間にあるとき，物体と同じ向きの（大きな）像が，凸レンズを通して見える。

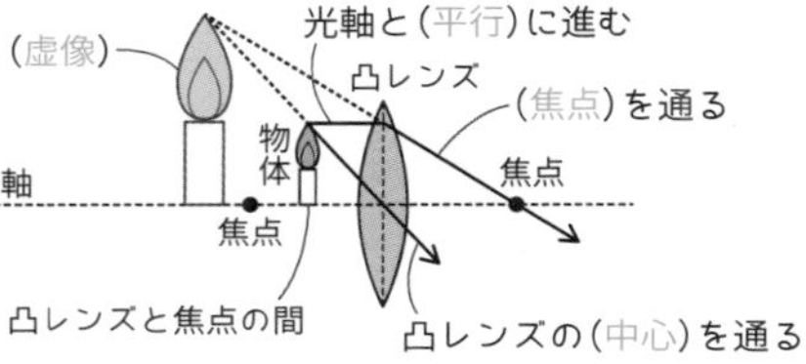

◉ 回路図

電流計は，はかりたい部分に（直列）につなぐ。
電圧計は，はかりたい部分に（並列）につなぐ。

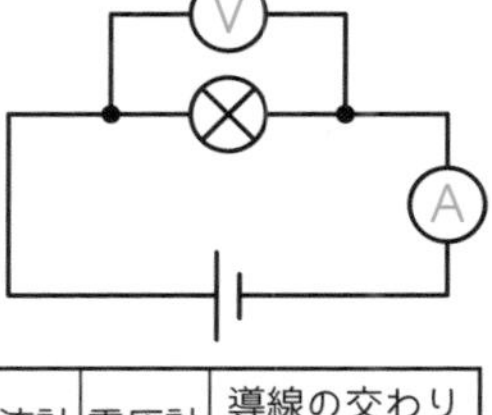

電気器具	電源	スイッチ	抵抗器《ていこうき》 電熱線	電球	電流計	電圧計	導線の交わり （接続するとき）
電気用 図記号	−極《マイナス》 ＋極《プラス》 			⊗	Ⓐ	Ⓥ	

23 生物の観察

出る率

ルーペの使い方

解答

□ 1 ルーペを使うとき，目を痛めるので見てはいけないものは何か。

1 太陽

★ □ 2 タンポポの花を手に持ってよく見える位置を探すとき，タンポポの花と顔のどちらを前後に動かすか。

2 タンポポの花
動かせないものを観察するときには，顔を前後に動かす。

双眼実体顕微鏡の使い方

★ □ 3 右の図のAを何というか。

3 視度調節リング

□ 4 左右の目の視野が重なって見えるようにするときに操作するのは，右の図のA～Dのうちどれか。

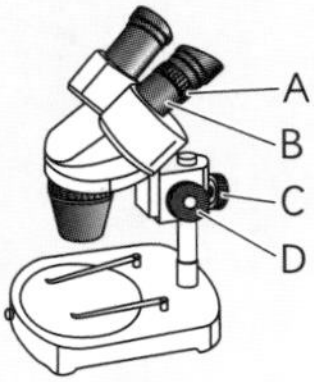

4 B
Bは鏡筒《きょうとう》，Cは粗動《そどう》ねじ，Dは微動《びどう》ねじ。

顕微鏡の使い方

□ 5 接眼レンズと対物レンズのうち，先に顕微鏡《けんびきょう》にとりつけるのはどちらか。

5 接眼レンズ

★ □ 6 接眼レンズの倍率が15倍，対物レンズの倍率が40倍のとき，顕微鏡の倍率は何倍か。

6 600倍
15×40＝600

□ 7 顕微鏡の倍率を上げると，視野の明るさはどうなるか。

7 暗くなる

□ 8 野外での観察に適しているのは，顕微鏡，双眼実体顕微鏡，ルーペのうちどれか。

8 ルーペ

□ 9 ルーペ，双眼実体顕微鏡《そうがんじったいけんびきょう》，顕微鏡のうち，観察物が立体的に見えるのはどれか。

9 双眼実体顕微鏡

ぷちトク！ 顕微鏡のピントの合わせ方

① 真横から見ながら，プレパラートと対物レンズを近づける。

② 接眼レンズをのぞきながら，プレパラートと対物レンズを遠ざける。

生命

24 花のつくり

出る率

被子植物

□ **1** 右の図のア～エを花のつくりの外側から内側の順に並べなさい。

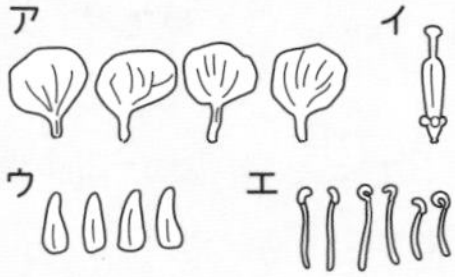

□ **2** 右下の図のAを何というか。

□ **3** 花粉が右の図のAにつくことを何というか。

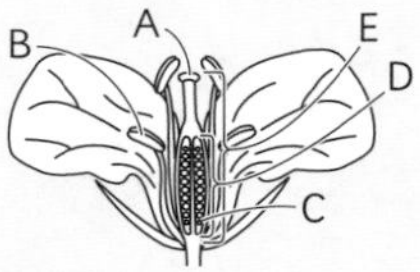

★ □ **4** **3**が行われるとCの（　a　）は種子になり，Dの（　b　）は果実に成長する。

□ **5** 右上の図のCがDの中にある植物を何植物というか。

裸子植物

★ □ **6** 右の図のア，イはマツ，ウ，エはイチョウの花のつくりの一部である。雄花《おばな》に見られるつくりはどれか。2つ選びなさい。

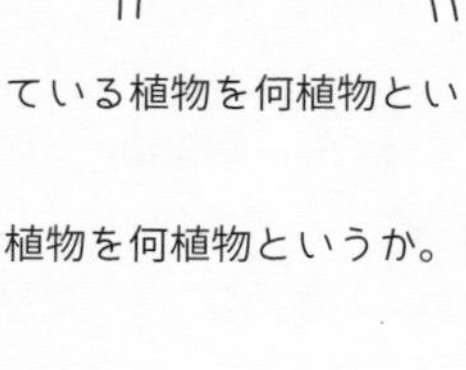

□ **7** 胚珠がむき出しになっている植物を何植物というか。

□ **8** 種子でなかまをふやす植物を何植物というか。

解答

1 ウ→ア→エ→イ
がくがいちばん外側で，めしべがいちばん内側になる。

2 柱頭

3 受粉

4 a 胚珠《はいしゅ》
b 子房《しぼう》

5 被子植物《ひししょくぶつ》

6 イ，エ
雄花には花粉のうがある。

7 裸子植物《らししょくぶつ》

8 種子植物

ぷちトク！ 被子植物と裸子植物のちがい

① 被子植物→胚珠が子房の中にあり，子房が果実に，胚珠が種子になる。

② 裸子植物→子房はなく，胚珠が種子になる。

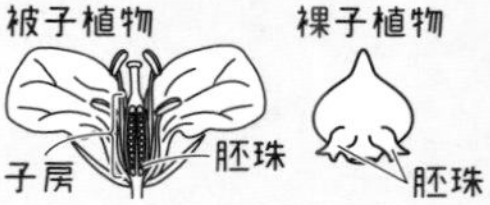

25 根・葉のつくり

出る率

根のつくり

★ □ **1** イネやユリがもつ，たくさん広がる細い根を何というか。

★ □ **2** 右の図のAのような根を何というか。

★ □ **3** 右の図のBのような根を何というか。

□ **4** アブラナとトウモロコシのうち，図のような根をもつ植物はどちらか。

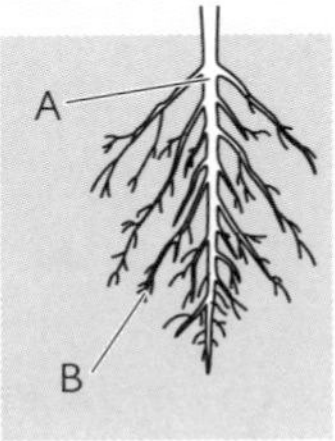

□ **5** 右上の図のような根をもつ植物のなかまを何というか。

□ **6** 根の先端近くに見られる，細い毛のようなものを何というか。

葉のつくり

★ □ **7** 右の図のように，葉の表面に見られるすじのようなものを何というか。

□ **8** 右の図のAで**7**のすじはどのようになっているか。

□ **9** 右の図のBのような葉のすじをもつのは，単子葉類と双子葉類のどちらか。

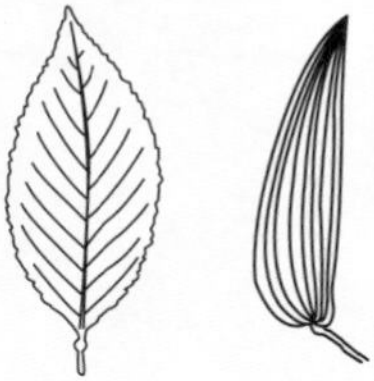

解答

1 ひげ根

2 主根

3 側根

4 アブラナ

5 双子葉類

6 根毛
細いので，土のすきまに入りこむことができる。

7 葉脈

8 網目状（網状脈）

9 単子葉類

ぷちトク！ 単子葉類と双子葉類

① イネやトウモロコシ…根はひげ根，葉脈は平行→単子葉類

② アブラナやアサガオ…根は主根と側根，葉脈は網目状→双子葉類

生命

26 植物の分類

出る率

植物の分類

□ **1** 子葉が１枚の植物のなかまを何というか。

□ **2** **1**の植物の根を何というか。

□ **3** 双子葉類《そうしようるい》の子葉は何枚か。

□ **4** 双子葉類の葉脈はどうなっているか。

□ **5** 双子葉類のうち，花弁がばらばらに離《はな》れているなかまを何というか。

□ **6** アサガオ，サクラ，エンドウ，タンポポのうち，合弁花類はどれか。すべて選びなさい。

種子をつくらない植物

★ □ **7** シダ植物とコケ植物は何でふえるか。

□ **8** **7**の入っている袋《ふくろ》を何というか。

★ □ **9** イヌワラビの茎《くき》を図のＡ～Ｄから選びなさい。

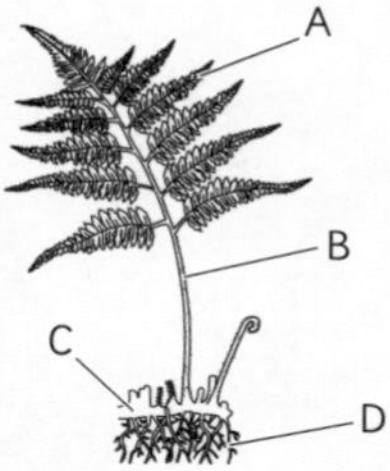

★ □ **10** 根・茎・葉の区別がないのは，シダ植物とコケ植物のどちらか。

□ **11** ゼニゴケで**7**がつくられるのは，雄株と雌株のどちらか。

□ **12** ゼンマイ，スギゴケ，スギナのうち，コケ植物はどれか。

解答

1 単子葉類

2 ひげ根

3 ２枚

4 網目状《あみめじょう》［網状脈《もうじょうみゃく》］

5 離弁花類《りべんかるい》

6 アサガオ，タンポポ
花弁が1つにくっついているなかまを合弁花類という。

7 胞子《ほうし》

8 胞子のう

9 C
Aは葉，Bは葉の柄，Dは根。

10 コケ植物

11 雌株

12 スギゴケ

ぷちトク！ 植物のなかま分けのポイント

① 双子葉類は花弁のつき方で，離弁花類と合弁花類に分けられる。

② シダ植物には根・茎・葉の区別があり，コケ植物にはない。

27 生命

光合成

出る率

光合成

解答

□ **1** 光合成は葉の細胞《さいぼう》の中の何というつくりで行われるか。

1 葉緑体

★□ **2** アサガオの葉の光合成によって生じるものは何か。2つ答えなさい。

2 デンプン，酸素

□ **3** 光合成は，何をエネルギー源として行われるか。

3 光［日光］

□ **4** 光合成は，水と何を原料に行われるか。

4 二酸化炭素

□ **5** 右の図のように，ふ入りの葉の一部をアルミニウムはくでおおい光をあてた。ヨウ素液で色が変わるのはどこか。

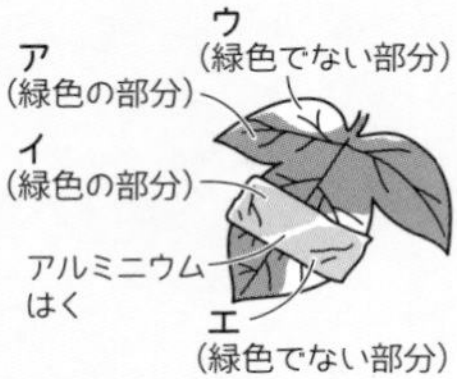

5 ア
ヨウ素液はデンプンに反応して色が変わる。

呼吸

★□ **6** (a)を吸収し，(b)を放出するはたらきを呼吸という。

6 a 酸素
b 二酸化炭素

□ **7** **6**の気体は葉のどこから出入りするか。

7 気孔《きこう》

□ **8** 植物のはたらきで，日中，呼吸と光合成では，出入りする気体の量はどちらが多いか。

8 光合成

□ **9** 植物は夜間，呼吸と光合成のどちらを行うか。

9 呼吸

□ **10** 試験管にタンポポの葉を入れて密閉し，暗所に数時間置いた。その後，少量の石灰水を入れて振ったとき，石灰水はどうなるか。

10 白くにごる
石灰水は二酸化炭素に反応する。

ぷちトク！ 光合成と植物の呼吸のポイント

① 光合成は，葉の緑色の部分でだけ行われる。

② 昼間は光合成と呼吸の両方を行い，夜間は呼吸のみを行う。

生命

28 葉・茎・根のつくりとはたらき

出る率

葉のつくり

□ **1** 葉や茎《くき》の細胞《さいぼう》で見られる緑色の小さな粒《つぶ》を何というか。

表 〈葉の断面〉

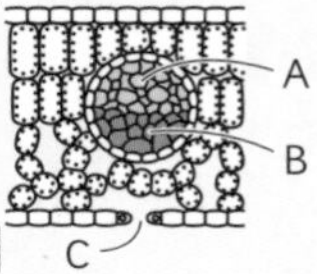

裏

★□ **2** 右の図のAを何というか。

□ **3** 右の図のBを何というか。

★□ **4** 右の図のAとBの集まりは，葉では何とよばれるか。

★□ **5** 右上の図のCのような2つの孔辺細胞《こうへんさいぼう》で囲まれたすきまを何というか。

水の通り道

〈茎の断面〉

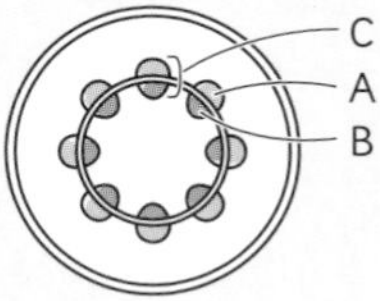

★□ **6** 右の図のAは(　a　)で，(　b　)が通る管である。

□ **7** 右の図のBは(　a　)で，根からの(　b　)や養分が通る管である。

□ **8** 右上の図の，AとBの集まりであるCを何というか。

★□ **9** 茎の断面が右上の図のようになっている植物のなかまを何というか。

★□ **10** 茎の断面で**8**が全体に散らばっているのは，トウモロコシとヒマワリのどちらか。

□ **11** 植物が，根から吸い上げた水をからだの表面から水蒸気として放出する現象を何というか。

解答

1 葉緑体
ここで光合成が行われる。

2 道管

3 師管

4 葉脈

5 気孔《きこう》
葉の裏側に多い。

6 a 師管
b 葉でつくられた栄養分

7 a 道管
b 水

8 維管束《いかんそく》

9 双子葉類

10 トウモロコシ

11 蒸散

ぷちトク! 道管と師管のちがい

① 道管→根からの水や養分が通る。
② 師管→葉でつくられた栄養分が通る。
※師管は，茎では維管束の外側，葉では葉脈の下側(葉の裏側)にある。

生命

29 動物の分類

出る率

脊椎動物

解答

□ **1** 草食動物と肉食動物のうち，目が横向きについているのはどちらか。
1 草食動物

□ **2** 背骨をもつ動物のなかまを何というか。
2 脊椎動物

★□ **3** 子を卵でうむなかまのふやし方を何というか。
3 卵生

★□ **4** 子を母親の体内である程度成長させてからうむなかまのふやし方を何というか。
4 胎生《たいせい》

□ **5** 魚類の呼吸器官は何か。
5 えら

□ **6** **2**のうち，幼生のときと成体のときで，呼吸のしかたが異なるのは何類か。
6 両生類

□ **7** **2**のうち，からだの表面が羽毛でおおわれているのは何類か。
7 鳥類

無脊椎動物

★□ **8** 背骨をもたない動物のなかまを何というか。
8 無脊椎動物

□ **9** エビのもつ殻《から》のように，体表面にある骨格を何というか。
9 外骨格
体内の骨格を内骨格という。

□ **10** **9**をもち，からだとあしに節のある動物のなかまを何というか。
10 節足動物
昆虫類《こんちゅうるい》や甲殻類《こうかくるい》などがある。

□ **11** **10**のうち，バッタやカブトムシのなかまを何類というか。
11 昆虫類

□ **12** イカなどがもつ内臓をおおう膜《まく》を何というか。
12 外とう膜

□ **13** **12**をもつ無脊椎動物のなかまを何というか。
13 軟体動物《なんたいどうぶつ》
からだとあしに節がない。

ぷちトク！ 脊椎動物の分類

① 胎生→哺乳類だけ。

② 一生肺呼吸→は虫類，鳥類，哺乳類。

生命

30 生物のからだ

出る率

動物と植物の細胞のつくり

解答

□ 1 右の図のA，Cのつくりをそれぞれ何というか。

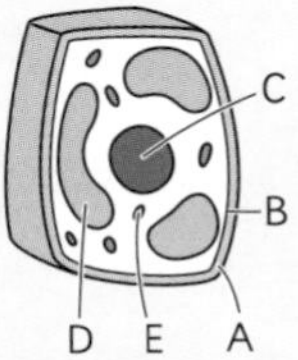

1 A 細胞壁《さいぼうへき》
C 核《かく》

□ 2 動物と植物の細胞に共通なつくりを右の図のA～Eからすべて選びなさい。

2 B，C
Bは細胞膜。

□ 3 植物の細胞のみにあるつくりを上の図のA～Eから選びなさい。

3 A，D，E
Dは液胞，Eは葉緑体。

★ □ 4 右上の図のEで行われるはたらきは何か。

4 光合成

□ 5 右上の図のCを染める染色液は何か。

5 酢酸《さくさん》カーミン液
[酢酸オルセイン液，酢酸ダーリア液]

□ 6 細胞の活動でできた物質や水などが入っている，上の図のDのつくりは何か。

6 液胞《えきほう》

単細胞生物と多細胞生物

□ 7 1つの細胞からできている生物を何というか。

7 単細胞生物

□ 8 多くの細胞からできている生物を何というか。

8 多細胞生物

□ 9 ゾウリムシ，スギゴケ，ミカヅキモ，オオカナダモのうち，7のなかまをすべて選びなさい。

9 ゾウリムシ，ミカヅキモ

□ 10 8で，形やはたらきが同じ細胞の集まりを何というか。

10 組織

★ □ 11 10が集まってできた，特定のはたらきをする部分を何というか。

11 器官
目や耳，心臓，小腸など。

ぷちトク！ 細胞と生物

① 動物と植物の細胞で共通なつくりは，核，細胞膜《さいぼうまく》。

② 核を染色するのに使われる染色液には，酢酸カーミン液，酢酸オルセイン液，酢酸ダーリア液などがある。

生命

31 消化と吸収

出る率

消化

解答

□ **1** 食物を分解して吸収されやすい状態に変えるはたらきを何というか。

1 消化

□ **2** 口から肛門《こうもん》までの，食物が通る１本の管を何というか。

2 消化管

□ **3** タンパク質は胃液にふくまれる何という消化酵《しょうかこう》素《そ》によって分解されるか。

3 ペプシン

□ **4** タンパク質は，**3**などのはたらきで分解されて最終的に何になって吸収されるか。

4 アミノ酸

□ **5** 小腸の壁《かべ》にある突起《とっき》を何というか。

5 柔毛《じゅうもう》

★ □ **6** **5**があることで多くの栄養分を吸収できるが，それは小腸の何が大きくなるからか。

6 表面積

□ **7** 脂肪《しぼう》は，脂肪酸と何に分解されるか。

7 モノグリセリド

□ **8** 消化酵素をもたないが，脂肪の分解を助ける消化液は何か。

8 胆汁《たんじゅう》

肝臓《かんぞう》でつくられて，胆のうにためられる。

だ液のはたらき

★ □ **9** だ液とデンプン溶液《ようえき》を入れた試験管を，40℃の湯でしばらくあたためた。試験管に次の操作をしたとき，変化が起こるか。起こる場合はどのような変化か。

① ヨウ素液を入れる。

② ベネジクト液を入れて加熱する。

9 ① 起こらない

② 赤褐色《せきかっしょく》の沈殿《ちんでん》ができる

ヨウ素液はデンプンに，ベネジクト液はブドウ糖や麦芽糖(ブドウ糖が2個つながったもの)などに反応する。

□ **10** デンプンを分解する，だ液中の消化酵素は何か。

10 アミラーゼ

ぷちトク！ 栄養分を消化するもの

① デンプン→だ液，すい液，小腸の壁の消化酵素がはたらく。

② タンパク質→胃液，すい液，小腸の壁の消化酵素がはたらく。

③ 脂肪→胆汁と，すい液の消化酵素がはたらく。

生命

32 呼吸と血液循環

出る率

呼吸

□ **1** 右の図のA，Bをそれぞれ何というか。

□ **2** 右の図のBのまわりにある毛細血管にとりこまれる空気中の気体は何か。

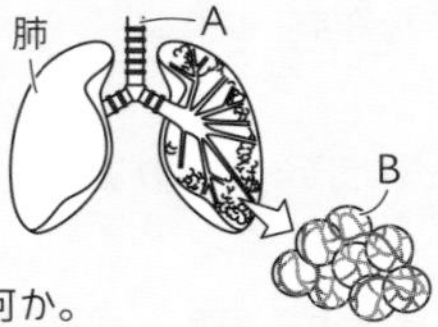

★ □ **3** 右上の図のBがたくさんあることで効率よく気体の交換《こうかん》ができる。それはなぜか。

血液循環と排出

□ **4** 病原菌《びょうげんきん》などを分解する血液の成分は何か。

□ **5** 血しょうがしみ出して細胞のまわりを満たす液体を何というか。

□ **6** 右の図で，Aの血管を何というか。

★ □ **7** 右の図のA～Dで，動脈血が流れている血管をすべて選びなさい。

□ **8** 血液が心臓から肺を通って心臓に戻《もど》る経路を何というか。

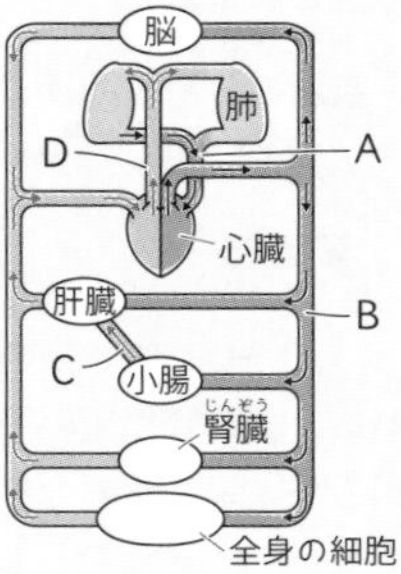

★ □ **9** アンモニアを尿素《にょうそ》に変える臓器は何か。

★ □ **10** 尿素などの不要な物質を血液から取り除くはたらきをする臓器は何か。

解答

1 A 気管
B 肺胞《はいほう》

2 酸素

3 空気とふれる表面積が大きくなるから

4 白血球

5 組織液

6 肺静脈

7 A，B
酸素を多くふくんだ血液を動脈血という。

8 肺循環《はいじゅんかん》
肺動脈には静脈血が，肺静脈には動脈血が流れる。

9 肝臓《かんぞう》

10 腎臓

ぷちトク！ 血液循環のポイント

① 肺静脈には動脈血，肺動脈には静脈血が流れていることに注意する。

② 血液の液体成分は血しょう。毛細血管からしみ出た血しょうは，組織液とよび名が変わる。

33 刺激と反応

出る率

刺激と反応

解答

□ **1** 外からの刺激《しげき》を受けとる器官を何というか。

□ **2** 目ではひとみから入った光が（ a ）で像を結び，その信号が（ b ）を通って脳へ送られる。

□ **3** 脳などからの信号を筋肉へ伝える神経を何というか。

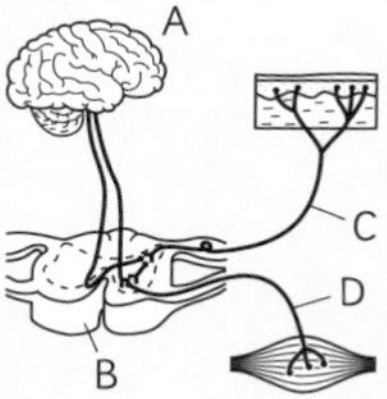

□ **4** 右の図のA，Bをまとめて何というか。

□ **5** 右の図のC，Dをまとめて何というか。

□ **6** 刺激《しげき》に対し，無意識に起こる反応を何というか。

★ □ **7** 熱いものにふれ，思わず手を引っこめた。このときの信号が伝わる経路の順に，右上の図のA～Dを並べなさい。

★ □ **8** 手をにぎられたのでにぎり返した。このときの信号が伝わる順に，右上の図のA～Dを並べなさい。

1 感覚器官

2 a 網膜《もうまく》
b 感覚神経

3 運動神経

4 中枢神経《ちゅうすうしんけい》

5 末しょう神経

6 反射

7 C→B→D
脳に信号が送られると同時に運動器官にも直接送られる。

8 C→B→A→B→D
脳が刺激の信号を受けとり，命令の信号を筋肉に送り出す。

筋肉，骨

□ **9** 右の図のAのつくりを何というか。

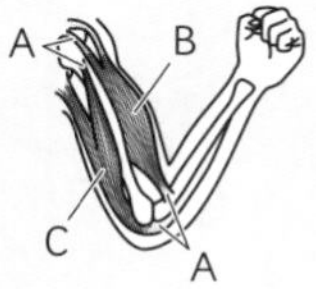

□ **10** うでを曲げたとき，Bはゆるむか，縮むか。

□ **11** うでをのばしたとき，Cはゆるむか，縮むか。

9 けん

10 縮む

11 縮む

ぷちトク！ 信号の伝わり方のポイント

① 感覚神経→脊髄→運動神経の順に伝わるのは反射。

② 感覚神経→脊髄→脳→脊髄→運動神経の順に伝わるのは意識して起こす反応。

社会
理科
数学
英語
国語

生命

34 成長と生殖

出る率

細胞分裂

□ 1 細胞分裂《さいぼうぶんれつ》の中でも，とくにからだをつくる細胞で見られる分裂を何というか。

★ □ 2 1のとき核《かく》の中に見られるひも状のものを何というか。

★ □ 3 生殖細胞《せいしょくさいぼう》ができるときに行われる特別な細胞分裂を何というか。

生殖と発生

□ 4 受精を行わずに，体細胞分裂によって新しい個体をつくる生殖を何というか。

□ 5 受精によって新しい個体をつくる生殖を何というか。

★ □ 6 卵や精子などの生殖細胞の核が合体してできる細胞を何というか。

★ □ 7 6が分裂をくり返して新しい個体のからだをつくる過程を何というか。

□ 8 右の図の被子植物《ひししょくぶつ》で，受粉したあとの花粉から胚《はい》珠《しゅ》に向かって，柱頭の内部にのびている管Aを何というか。

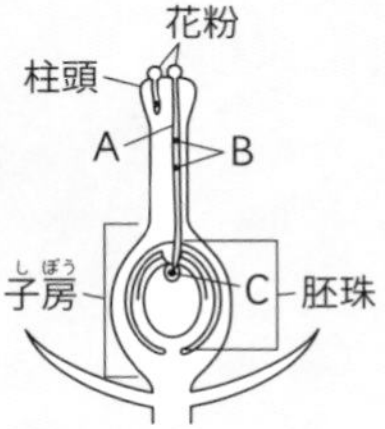

□ 9 右の図の生殖細胞B，Cをそれぞれ何というか。

解答

1 体細胞分裂

2 染色体

3 減数分裂
この分裂によってできる生殖細胞の染色体の数は，分裂前の半分になる。

4 無性生殖
ゾウリムシやアメーバなどはこの生殖でふえる。

5 有性生殖
子の細胞は両親の遺伝子を半分ずつ受けつぐ。

6 受精卵

7 発生

8 花粉管

9 B 精細胞
C 卵細胞

ぷちトク！ 有性生殖と無性生殖のちがい

① 有性生殖→受精による生殖。雌雄《しゆう》がかかわる。

② 無性生殖→受精を行わない生殖。雌雄がかかわらない。

生命

35 遺伝

出る率

遺伝

□ 1 生物のもつ性質や形の特徴《とくちょう》を何というか。

□ 2 親の性質や形が子に伝わることを何というか。

★□ 3 ❶を現すもととなるものを何というか。

★□ 4 ❸の本体は，染色体の中にある何という物質か。

□ 5 エンドウの種子のしわと丸のように，対になっており，一方しか現れない形質を何というか。

□ 6 減数分裂《げんすうぶんれつ》で，対となる遺伝子は分かれて別々の生殖細胞《せいしょくさいぼう》に入る。この法則を何というか。

□ 7 対になる形質の純系どうしをかけ合わせたとき，子に現れるほうの形質を何というか。

□ 8 対になる形質の純系どうしをかけ合わせたとき，子に現れないほうの形質を何というか。

進化

★□ 9 シソチョウ(始祖鳥)は何類と何類の特徴《とくちょう》をもっているか。

□ 10 長い時間をかけて，生物の先祖から子孫へからだの特徴などが変化することを何というか。

□ 11 形やはたらきがちがっていても，起源は同じであったと考えられる器官を何というか。

解答

1 形質

2 遺伝

3 遺伝子

4 DNA
[デオキシリボ核酸《かくさん》]

5 対立形質

6 分離《ぶんり》の法則
生殖細胞に入った遺伝子は，受精卵の中で再び対になる。

7 顕性《けんせい》(の)形質

8 潜性《せんせい》(の)形質

9 鳥類とは虫類

10 進化

11 相同器官

ぷちトク！ 遺伝の問題を解くコツ

① 純系(AAとaa)をかけ合わせると，子の遺伝子の組み合わせはAaのみ。

② 子(Aa)どうしをかけ合わせると，孫の遺伝子の組み合わせとその数の比は，AA：Aa：aa＝1：2：1になる。

生命

36 生態系

出る率

食物連鎖

解答

□ **1** ある地域に生活する生物と，それをとりまく環《かん》境《きょう》を1つのまとまりとしてとらえたものを何というか。

1 生態系

★ □ **2** 生物どうしの食べる・食べられるの関係によるつながりを何というか。

2 食物連鎖《しょくもつれんさ》
食べる・食べられるという関係が網《あみ》の目のようにつながった関係を食物網《しょくもつもう》という。

□ **3** 右の図で，一時的にBが少なくなるとA，Cはそれぞれどうなるか。

生物の数量を表した図

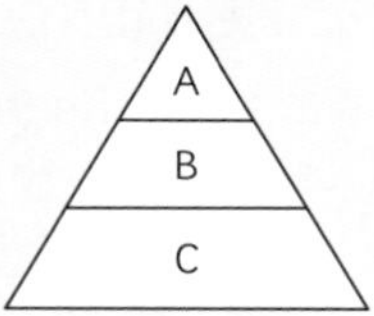

3 A 一時的に少なくなる
C 一時的に多くなる

□ **4** 右の図で，Cは光合成のはたらきにより，無機物から何をつくり出すか。

4 有機物

★ □ **5** 右上の図のCは，**4**のはたらきから，自然界における何とよばれるか。

5 生産者

★ □ **6** 右上の図のA，Bは，自然界のはたらきから何とよばれるか。

6 消費者

分解者

★ □ **7** 有機物を無機物にまで分解するはたらきにかかわる消費者をとくに，自然界における何というか。

7 分解者

□ **8** デンプン培地《ばいち》に土をのせ，5日間放置してから土を取り除き，ヨウ素液を加えた。
① 土をのせていた部分の色はどうなるか。
② 土をのせなかった部分の色はどうなるか。

8 ① 変化しない
② 青紫色《あおむらさきいろ》に変化する
ヨウ素液は，デンプンに反応する。

ぷちトク！ 生態系における役割

① 自然界の生物は，生産者，消費者に分けられる。
② 生産者は，光のエネルギーを使って無機物から有機物をつくり出す。

地球

37 火山

出る率

マグマと鉱物

□ **1** 火山灰や火山弾《かざんだん》，火山ガスなどをまとめて何というか。

□ **2** 火山の地下で岩石がとけてどろどろになったものを何というか。

□ **3** **2**が冷えて結晶《けっしょう》になったものを何というか。

★ □ **4** ねばりけが強い**2**が固まってできた岩石は，黒っぽいか，白っぽいか。

□ **5** **3**のうち，黒色で，決まった方向にうすくはがれるものは何か。

火成岩

□ **6** マグマが冷え固まってできた岩石を何というか。

□ **7** **6**のうち，地表や地表付近で急に冷え固まってできた岩石を何というか。

★ □ **8** **6**のうち，地下深くでゆっくり冷え固まってできた岩石を何というか。

□ **9** **8**のつくりは，右の図のア，イのどちらか。

□ **10** 右の図のアの組織は何か。

□ **11** 右の図のイの組織は何か。

★ □ **12** 右の図のイのA，Bをそれぞれ何というか。

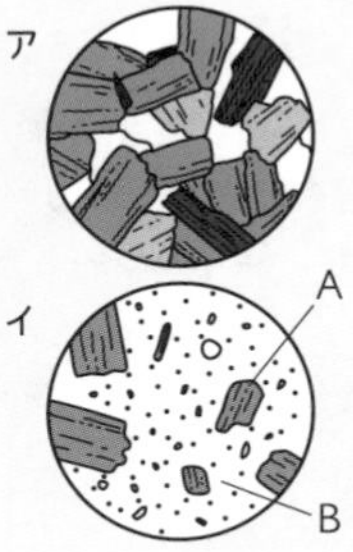

解答

1 火山噴出物《かざんふんしゅつぶつ》

2 マグマ

3 鉱物

4 白っぽい

5 黒雲母［クロウンモ］
鉱物にはほかに，石英，長石，角《かく》セン石《せき》，輝石《きせき》，カンラン石などがある。

6 火成岩

7 火山岩
玄武岩《げんぶがん》，安山岩《あんざんがん》，流紋岩《りゅうもんがん》など。

8 深成岩
斑《はん》れい岩，せん緑岩《りょくがん》，花こう岩など。

9 ア

10 等粒状組織《とうりゅうじょうそしき》

11 斑状組織《はんじょうそしき》

12 A 斑晶《はんしょう》
B 石基

ぷちトク！ マグマのねばりけと火山・火成岩の特徴

マグマのねばりけが，

① 弱い→噴火はおだやかで，火山の傾斜《けいしゃ》はゆるやか，できる火成岩の色は黒っぽい。

② 強い→噴火は激しく，火山はドーム形，できる火成岩の色は白っぽい。

38 地震

出る率

地震

□ **1** 地震の初めにくる小さなゆれを何というか。

□ **2** **1**のあとからくる大きなゆれを何というか。

★□ **3** **1**を伝える地震の波を何というか。

★□ **4** **2**を伝える地震の波を何というか。

□ **5** **1**が始まってから**2**が始まるまでの時間を何というか。

□ **6** 右の図で，Aのゆれを起こす波の速さは何km/sか。

★□ **7** 右の図で，この地震の発生時刻は，何時何分何秒か。

2つの地点における地震計の記録

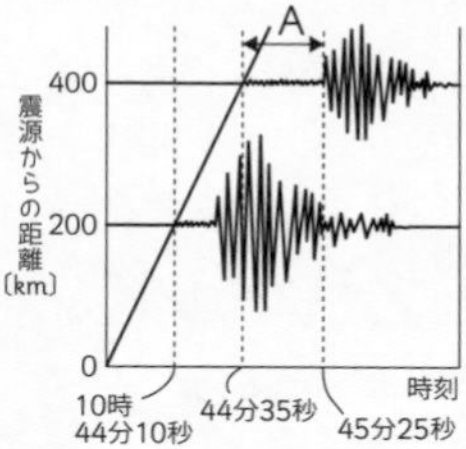

□ **8** 地震の規模を表す尺度を何というか。

大地の変化

□ **9** 地震などにより，地面がもち上がることを何というか。

★□ **10** 下の図は，東北地方付近の断面図である。
① Aは，大陸プレートか，海洋プレートか。
② Aはア，イのどちらに動くか。

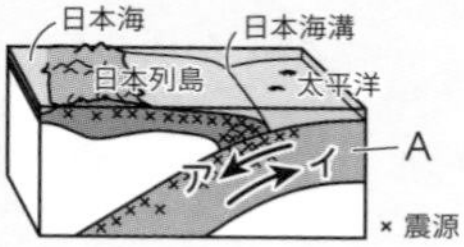

解答

1 初期微動《しょきびどう》

2 主要動

3 P波

4 S波

5 初期微動継続時間《しょきびどうけいぞくじかん》

6 8 km/s
25秒間で200 km進んでいる。

7 10時43分45秒

8 マグニチュード
ゆれの大きさは，震度で表される。

9 隆起《りゅうき》

10 ① 海洋プレート
② ア

ぷちトク！ 地震発生時刻を求めるポイント

① 地震の発生時刻は，2つの波の直線のグラフが交わるところ。（右の図のA点）

② 初期微動継続時間と震源からの距離《きょり》は比例する。

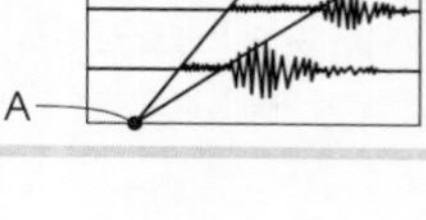

地球

39 地層

出る率

地層と化石

□ **1** 流れる水が岩石をけずり取るはたらきを何というか。

□ **2** 流水のはたらきで海まで運ばれたれき，砂，泥《どろ》のうち，海岸の近くに積もるのはどれか。

★□ **3** 堆積岩のうち生物の遺がいなどからできている岩石は何か。2つ答えなさい。

□ **4** **3**の岩石のうち，塩酸をかけると気体が発生するのはどちらか。

□ **5** **4**で発生する気体は何か。

★□ **6** 右の図で，層Aが堆積した当時，その周囲はどのような環境《かんきょう》であったか。

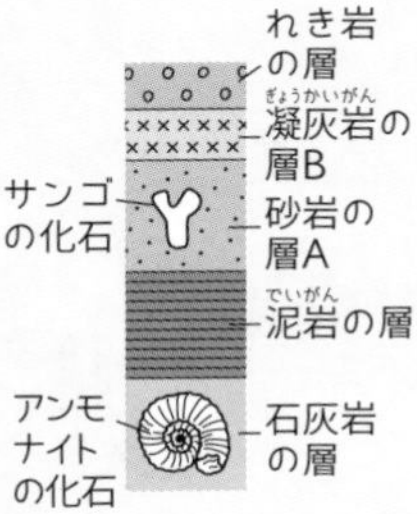

□ **7** その地層が堆積した当時の環境を推測できる化石を何というか。

□ **8** その地層が堆積した年代が推測できる化石を何というか。

□ **9** 右上の図で，層Bの岩石は何でできているか。

★□ **10** **9**の岩石の粒《つぶ》はどのような形をしているか。

□ **11** 地層に力が加わって，波打つように曲がったものを何というか。

解答

1 侵食《しんしょく》
流れる水には，運搬《うんぱん》，堆積《たいせき》というはたらきもある。

2 れき

3 石灰岩，チャート

4 石灰岩

5 二酸化炭素

6 あたたかく浅い海

7 示相化石
サンゴ，ブナ，シジミなど。

8 示準化石
サンヨウチュウ，アンモナイト，恐竜《きょうりゅう》など。

9 火山灰［火山噴出物］

10 角ばった形

11 しゅう曲

ぷちトク！ 地層のポイント

① 堆積岩で粒が角ばっているのは凝灰岩。れき岩・砂岩・泥岩は丸みを帯びている。

② 柱状図の問題は，火山灰の層（凝灰岩）と化石の層に注目する。

地球

40 気象の観測・水蒸気・気圧

出る率

天気と湿度

解答

□ **1** 風のふいてくる方向を何というか。

1 風向

★□ **2** 右の図のア～エは天気記号である。

① くもりの天気記号はどれか。

② 雨の天気記号はどれか。

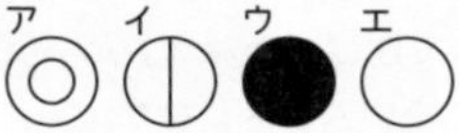

2 ① ア

② ウ

イは晴れ，エは快晴。

□ **3** 右の図で，アの空気の湿度《しつど》は何％か。

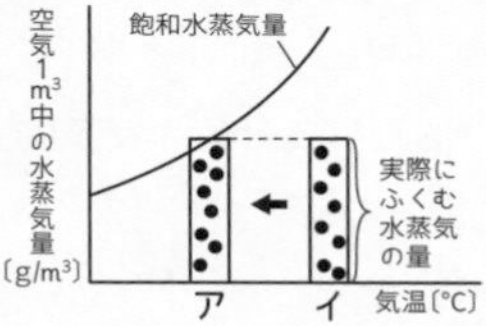

3 100％

★□ **4** 右の図で，湿度が低いのはア，イのどちらの空気か。

4 イ

湿度〔％〕

$$=\frac{\text{空気中の水蒸気量}}{\text{飽和水蒸気量}}\times 100$$

雲のでき方と気圧

★□ **5** 圧力〔Pa〕 $=\dfrac{\text{面を垂直におす力〔(　a　)〕}}{\text{力がはたらく(　b　)〔m}^2\text{〕}}$

5 a N

b 面積

□ **6** 図1のAは(　a　)気流で，(　b　)気圧の中心に見られる。

図1

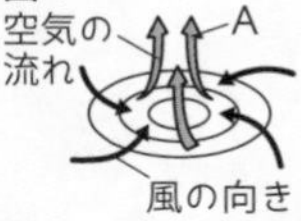

6 a 上昇

b 低

□ **7** 図1，図2のうち，晴れることが多いのはどちらか。

図2

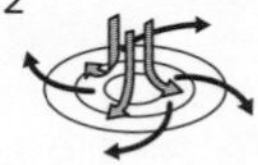

7 図2

高気圧の中心部では雲が生じず，晴れることが多い。

□ **8** 天気図上で，気圧の同じ地点を結ぶ曲線を何というか。

8 等圧線

□ **9** **8**は，何hPaごとに線を引いて表すか。

9 4 hPa

★□ **10** 空気にふくまれる水蒸気が冷えて水滴《すいてき》になり始める温度を何というか。

10 露点《ろてん》

ぷちトク！ 高気圧と低気圧のちがい

① 高気圧→下降気流，風の向きは時計回り，天気は晴れやすい。

② 低気圧→上昇気流，風の向きは反時計回り，天気はくずれやすい。

地球

41 天気の変化

出る率

前線

解答

□ **1** 性質の異なる空気が混じり合わずに接している面を何というか。

1 前線面

□ **2** 寒気が暖気をおし上げながら進む前線を何というか。

2 寒冷前線

□ **3** 暖気が寒気の上をはい上がるようにして進む前線を何というか。

3 温暖前線

★ □ **4** **3** が通過すると，風向は，北，南のどちら寄りに変わるか。

4 南
寒冷前線が通過すると，風向きは北寄りに変わる。

★ □ **5** 停滞前線《ていたいぜんせん》を表す記号はア～エのどれか。

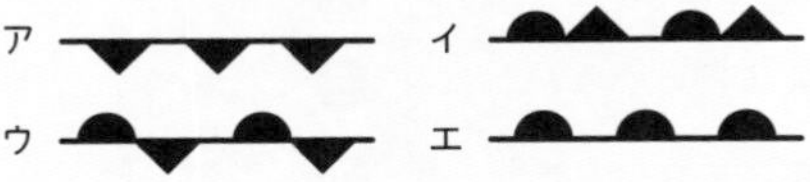

5 ウ

前線の通過

□ **6** 下の図で，Aのグラフは何を表しているか。

6 気圧

□ **7** 下の図で，寒冷前線が通過したのは何日の何時～何時の間か。図中の3時間で答えなさい。

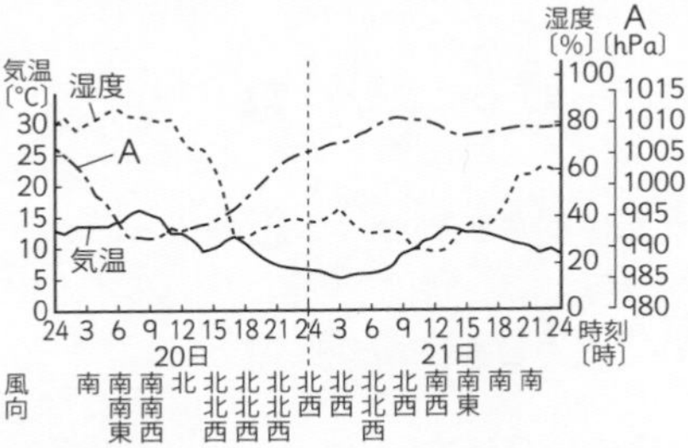

7 20日の9時～12時
日中に気温が急激に下がり，風が北寄りに変わっている。

ぷちトク！ 気温，湿度，気圧

① 晴れの日の湿度《しつど》と気温のグラフは逆の変化になる。

② 寒冷前線が通過→気温は急に下がり，強い雨が降り，風向が北寄りに変わる。

地球

42 日本の天気

出る率

日本の天気の移り変わり

- □ 1 春と秋に見られる，日本上空を西から東へ移動する高気圧を何というか。
- □ 2 冬にユーラシア大陸で発達する気団を何というか。
- □ 3 日本の冬に特徴的《とくちょうてき》な気圧配置を漢字4文字で何というか。
- ★ □ 4 冬に，大陸からの北西の風が雨や雪を多く降らせるのは，太平洋側と日本海側のどちらか。
- □ 5 5～7月の雨やくもりの多い時期を何というか。
- ★ □ 6 5にできる停滞《ていたい》前線をとくに何というか。
- □ 7 6は，北の冷たく湿《しめ》ったオホーツク海気団と南のあたたかく湿った何気団がぶつかり合うことでできるか。

大気の動き

- ★ □ 8 熱帯低気圧のうち，最大風速が17.2 m/s以上のものを何というか。
- □ 9 地球の中緯度帯《ちゅういどたい》の上空を西から東へふく風を何というか。
- ★ □ 10 9の影響《えいきょう》により日本の天気はどの方角からどの方角へ変わることが多いか。
- □ 11 海風がふくのは，昼と夜のうちのどちらか。

解答

1 移動性高気圧
春と秋は，この高気圧の影響で天気が変わりやすい。

2 シベリア気団

3 西高東低
南北方向の等圧線が密に並ぶ。

4 日本海側

5 つゆ［梅雨《ばいう》］

6 梅雨前線《ばいうぜんせん》

7 小笠原《おがさわら》気団

8 台風

9 偏西風《へんせいふう》

10 西から東

11 昼

ぷちトク！ 天気図からの季節の見分け方

① 冬の天気図→等圧線が南北にのび，間隔がせまい。

② 夏の天気図→日本は大きな高気圧におおわれている。

③ つゆの天気図→日本付近に東西に長くのびた停滞前線がある。

43 銀河系と太陽系

出る率

銀河系と太陽系

問題	解答
★ □ 1 自ら光を出す天体を何というか。	1 恒星《こうせい》
□ 2 ❶のまわりを回る比較的《ひかくてき》大きな天体で，太陽のまわりには8個あるものを何というか。	2 惑星《わくせい》 地球，金星，土星など。
□ 3 太陽とその周辺を回る天体の集まりを何というか。	3 太陽系
□ 4 ❸をふくむ，うずを巻いた形をした天体の集まりを何というか。	4 銀河系
□ 5 太陽表面に見られる暗い点を何というか。	5 黒点
□ 6 ❺の温度は周辺の温度よりどうなっているか。	6 低くなっている
★ □ 7 ❺は太陽の中央では円形に，周辺部ではだ円形に見える。このことから何がわかるか。	7 太陽が球形であること

惑星

問題	解答
□ 8 天体が自ら回転することを何というか。	8 自転
□ 9 天体が別の天体のまわりを回ることを何というか。	9 公転
□ 10 水星や金星など，小型で密度の大きい惑星を何というか。	10 地球型惑星 表面が岩石でできている。
□ 11 木星や土星など，大型で密度の小さい惑星を何というか。	11 木星型惑星 おもにガスからできている。
★ □ 12 惑星のまわりを回る天体を何というか。	12 衛星
□ 13 海王星より外側を回る天体を何というか。	13 太陽系外縁天体《たいようけいがいえんてんたい》

ぷちトク！ 太陽系の天体の種類

太陽系には恒星，惑星，衛星，小惑星，すい星，太陽系外縁天体がある。

惑星 →
- 地球型惑星→水星，金星，地球，火星。
- 木星型惑星→木星，土星，天王星，海王星。

地球

44 天体の動き

出る率

太陽の動き

□ 1 地球の南極と北極を結ぶ軸《じく》を何というか。

□ 2 太陽が子午線を通過することを何というか。

□ 3 右の図のAの角度を太陽の何というか。

★□ 4 太陽の1日の見かけの動きを何というか。

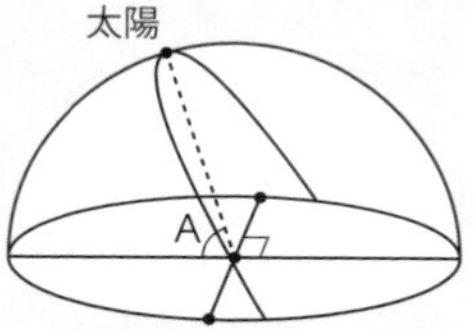

★□ 5 太陽の1日の動きが上の図のようになるのは夏か冬か。

星座の動き

□ 6 北の空の星は，何という星を中心に回転して見えるか。

□ 7 南の空の星は，どの方角からどの方角に動いて見えるか。

★□ 8 星は，1時間で何度動いて見えるか。

★□ 9 同じ時刻で調べると，星は，1か月で何度動いて見えるか。

□ 10 星の1年の見かけの動きを何運動というか。

□ 11 10は地球の何という動きによって起こるか。

□ 12 天球上の太陽の通り道を何というか。

解答

1 地軸《ちじく》

2 南中

3 南中高度

4 日周運動

5 夏

6 北極星
反時計回りに回転して見える。

7 東から西

8 15度

9 30度
東から西に動いて見える。

10 年周運動

11 公転

12 黄道

ぷちトク！ 天体の動きを解くポイント

① **夏は，北極側が**太陽の方向に傾《かたむ》いている**とき。**

② **地球の自転，公転は，北極側から見て**反時計回り。

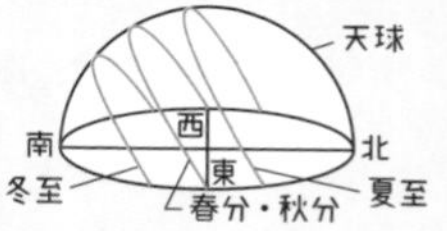

45 月・惑星の見え方

出る率

月の満ち欠け

解答

□ **1** 月の公転の向きは右の図のア，イのどちらか。

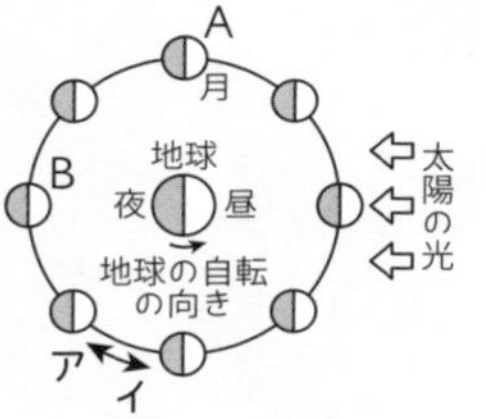

□ **2** 太陽，月，地球の順に一直線上に並び，月によって太陽がかくされる現象を何というか。

★□ **3** 月が右上の図のAとBの位置にあるとき，地球から見た月の形は，ア～ウのどれか。

1 イ

2 日食
地球の影《かげ》に入って月がかくされる現象を月食という。

3 A ウ
B ア

金星の満ち欠け

★□ **4** 金星と火星のうち，真夜中に見えないのはどちらか。

★□ **5** 右の図のA～Eから，明け方東の空に見える金星をすべて選びなさい。

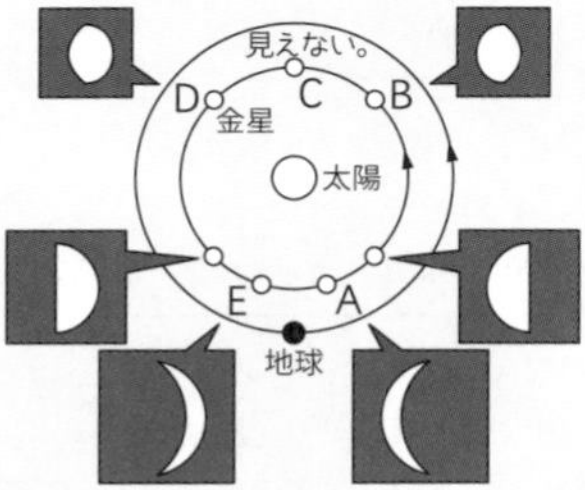

□ **6** 右の図のA～Eから,夕方西の空に見える金星をすべて選びなさい。

4 金星
金星は地球より内側，火星は地球より外側を公転する。

5 A，B
太陽の西側にあるときの金星を明けの明星という。

6 D，E
太陽の東側にあるときの金星をよいの明星という。

ぷちトク! 月と金星の満ち欠け

① 日食のときの月は新月，月食のときの月は満月。

② 金星は地球との距離《きょり》が近いと大きく欠けて大きく見え，遠いと丸く小さく見える。

③ 毎日同じ時刻に月を観察すると，西から東へ移動して見える。

ぷちまとめ

図でまとめるつくりとちがい

花のつくり（被子植物）

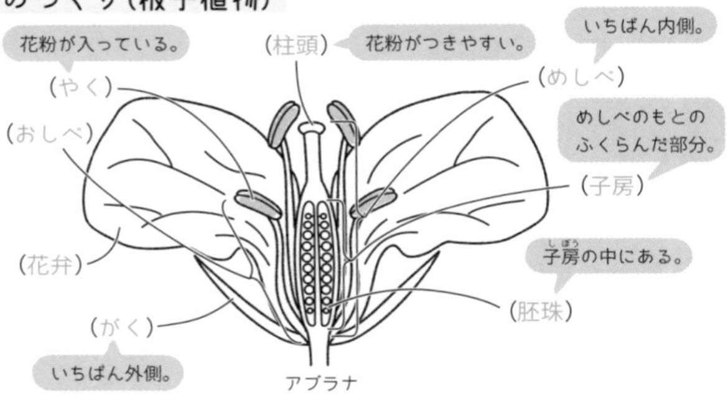

細胞のつくり

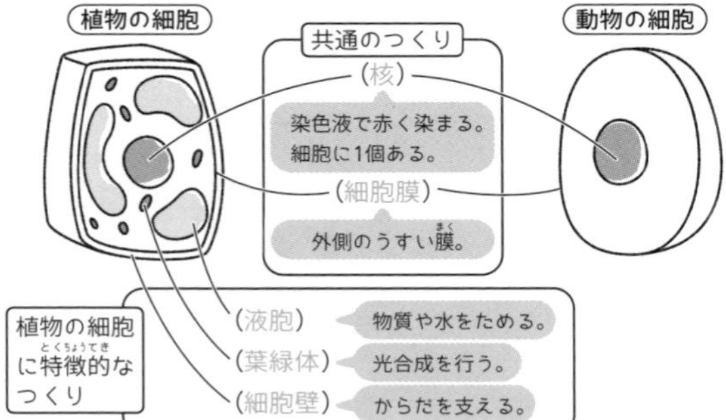

火成岩のつくり

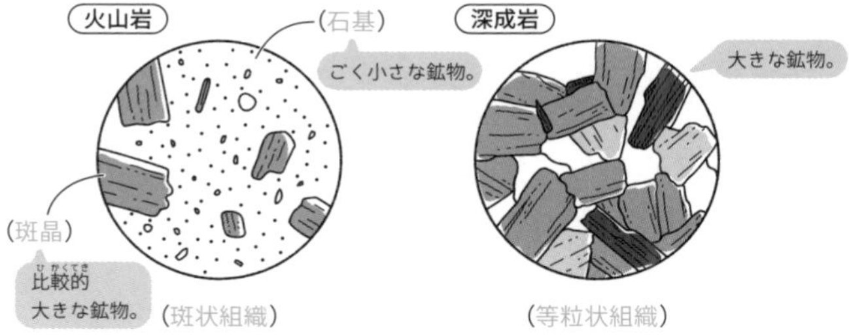

MATHEMATICS

数学

1 正負の数

出る率

絶対値，正負の数の計算

□ **1** −2の絶対値を答えなさい。

★ □ **2** 次の数を，絶対値の小さい順に並べなさい。

$-1.3,\ 0,\ \frac{1}{7},\ +5$

次の計算をしなさい。

□ **3** $1-(-4)$

□ **4** $\left(-\frac{1}{2}\right)-\frac{1}{4}$

□ **5** $5+(-9)-3$

□ **6** $(-12)\times 2$

★ □ **7** $8\times(-2)\div\left(-\frac{4}{9}\right)$

□ **8** $7\times(-4)-(-21)\div 3$

★ □ **9** $\frac{1}{3}+11\div(-6)$

□ **10** $-14\times\left(\frac{2}{7}-\frac{3}{2}\right)$

□ **11** $12\div(7-4)+(-3)^3$

★ □ **12** $(1-3)^2\times 1.5-7.8$

素数・素因数分解

□ **13** 1から10までの整数のうち，素数をすべて答えなさい。

□ **14** 60を素因数分解《そいんすうぶんかい》しなさい。

解答

1 2

2 $0,\ \frac{1}{7},\ -1.3,\ +5$

絶対値は数直線上での0からの距離《きょり》。

3 5

4 $-\frac{3}{4}$

5 -7

6 -24

7 36

8 -21

9 $-\frac{3}{2}$

10 17

11 -23

12 -1.8

13 2，3，5，7

14 $2^2\times3\times5$

ぷちトク！ 数の絶対値とかけ算

① 絶対値の大小は，符号《ふごう》を＋に変えて考える。

② 負の数を偶数《ぐうすう》個かける(わる)と正の数になる。

2 式の計算

文字式の計算

次の計算をしなさい。

★ □ 1 $3a-5b-8a+2b$

□ 2 $x^2+6x-7x^2-5x$

□ 3 $(9a-b)+(-5a+3b)$

□ 4 $(24x+8y)\div(-4)$

□ 5 $7(x+3y)-4(x-2y)$

□ 6 $\dfrac{2x+4y}{3}-\dfrac{8x+3y}{5}$

□ 7 $6a\times(-3b)$

★ □ 8 $4b\div\dfrac{2}{3}ab$

□ 9 $(-2a)^3$

□ 10 $15xy^2\div5xy$

解答

1 $-5a-3b$

2 $-6x^2+x$

3 $4a+2b$

4 $-6x-2y$

5 $3x+29y$

6 $\dfrac{-14x+11y}{15}$

7 $-18ab$

8 $\dfrac{6}{a}$

9 $-8a^3$

10 $3y$

文字式の利用

★ □ 11 $a=-2$, $b=3$のとき，次の式の値《あたい》を求めなさい。

① $(a+2b)-(3a-b)$

② $2ab^2\div6ab\times a$

★ □ 12 次の等式を〔　〕の中の文字について解《と》きなさい。

① $5x-3y=6$　〔y〕

② $V=\dfrac{1}{3}abh$　〔h〕

解答

11 ① 13

② -2

式を簡単にしてから代入するとよい。

12 ① $y=\dfrac{5}{3}x-2$

② $h=\dfrac{3V}{ab}$

ぷちトク！ かっこの外し方と式のかけ算

① □(○＋△)の計算では□を後ろの項《こう》にかけ忘れない。□×○＋□×△

② －(○＋△)の計算ではカッコ内の符号《ふごう》はすべて変える。－○－△

3 式の展開と因数分解

出る率

多項式の計算

次の計算をしなさい。

- ★ □ 1 $4a(a-3)-a(2a-1)$
- □ 2 $(9x^2+6x)\div 3x$
- □ 3 $(8a^2-4ab)\div \frac{2}{3}a$
- □ 4 $(a+3)(a+7)$
- ★ □ 5 $(x-6)^2$
- ★ □ 6 $(4x+5)(4x-5)$
- □ 7 $(8a-b)(a-2b)$
- □ 8 $(x+2)(x-2)+(x+9)^2$
- □ 9 $(a-7)^2-(a+3)(a-4)$

因数分解

次の式を因数分解《いんすうぶんかい》しなさい。

- ★ □ 10 x^2+6x+8
- □ 11 x^2+x-72
- □ 12 $x^2+8x+16$
- □ 13 x^2-6x+9
- □ 14 $9x^2-y^2$
- □ 15 $2x^2-20x+50$

解答

1. $2a^2-11a$
2. $3x+2$
3. $12a-6b$
4. $a^2+10a+21$
5. $x^2-12x+36$
6. $16x^2-25$
7. $8a^2-17ab+2b^2$
8. $2x^2+18x+77$
9. $-13a+61$
10. $(x+2)(x+4)$
11. $(x+9)(x-8)$
12. $(x+4)^2$
13. $(x-3)^2$
14. $(3x+y)(3x-y)$
15. $2(x-5)^2$

ぷちトク！ 覚えておく展開公式

公式 $(x+a)(x+b)=x^2+(a+b)x+ab$ だけでも覚えておこう。

例 $(x-3)^2$ は $(x-3)(x-3)$ と見て，$a=-3$，$b=-3$ とする。

4 平方根・近似値

出る率

平方根とその計算

★ □ **1** 次の数を，根号《こんごう》を使わずに表しなさい。

① $-\sqrt{0.81}$　　② $-\sqrt{\left(\frac{1}{2}\right)^2}$

□ **2** 次の数の大小を，不等号を使って表しなさい。

-2，$-\sqrt{7}$，$-\frac{\sqrt{14}}{2}$

次の計算をしなさい。

★ □ **3** $\sqrt{3}\times\sqrt{15}$

★ □ **4** $\sqrt{10}\div2\sqrt{2}$

□ **5** $\sqrt{7}(\sqrt{21}-3\sqrt{2})$

★ □ **6** $\sqrt{18}-\sqrt{98}+\sqrt{2}$

□ **7** $\frac{9}{\sqrt{3}}-\sqrt{12}$

□ **8** $\sqrt{2}(\sqrt{12}+\sqrt{8})$

□ **9** $(\sqrt{7}+3)^2$

□ **10** $(\sqrt{3}+\sqrt{5})(\sqrt{3}-\sqrt{5})$

近似値と有効数字

★ □ **11** 10cm未満を四捨五入して，測定値2700cmを得た。真の値《あたい》をaとして，aの値の範囲《はんい》を不等号を使って表しなさい。

□ **12** ある重さの測定値5190gの有効数字《ゆうこうすうじ》が5，1，9のとき，この重さを整数部分が1けたの小数と10の何乗かの積で表しなさい。

解答

1 ① -0.9
② $-\frac{1}{2}$

2 $-\sqrt{7}<-2<-\frac{\sqrt{14}}{2}$
絶対値の2乗の大小を比べる。

3 $3\sqrt{5}$

4 $\frac{\sqrt{5}}{2}$

5 $7\sqrt{3}-3\sqrt{14}$

6 $-3\sqrt{2}$

7 $\sqrt{3}$

8 $2\sqrt{6}+4$

9 $6\sqrt{7}+16$

10 -2

11 $2695\leqq a<2705$
一の位を四捨五入して2700になる数の範囲。

12 5.19×10^3g

ぷちトク！ 平方根の計算の注意点

① 根号の中の数が大きいときは素因数分解《そいんすうぶんかい》するとよい場合がある。

② 根号の中が負の数になったら，どこかで計算をまちがえている。

5 1次方程式・連立方程式

出る率

1次方程式とその解き方

★ □ **1** 次の1次方程式を解《と》きなさい。

① $3x+2=-7$

② $5x-9=3-x$

③ $3x-7=2(4x+9)$

④ $\frac{1}{4}x+\frac{1}{2}=\frac{2}{3}x-\frac{1}{6}$

★ □ **2** 家から駅まで分速70mで歩くと，分速65mで歩くより2分早く着く。家から駅までの道のりは何mか。

連立方程式とその解き方

次の連立方程式を解きなさい。

□ **3** $\begin{cases} x+4y=15 \\ x-3y=1 \end{cases}$

★ □ **4** $\begin{cases} 2x+5y=11 \\ 3x-y=8 \end{cases}$

□ **5** $\begin{cases} 7x-4y=5 \\ y=3x \end{cases}$

□ **6** $\begin{cases} 3y-1=8x+7 \\ -2(6x-y)=-8 \end{cases}$

□ **7** $\begin{cases} 0.1x-0.4y=0.7 \\ \frac{3}{5}x-\frac{7}{2}=y \end{cases}$

解答

1 ① $x=-3$

② $x=2$

③ $x=-5$

④ $x=\frac{8}{5}$

2 1820m

道のりまたは時間についての方程式をつくる。

3 $x=7,\ y=2$

4 $x=3,\ y=1$

5 $x=-1,\ y=-3$

6 $x=2,\ y=8$

7 $x=5,\ y=-\frac{1}{2}$

ぷちトク！ 求めた解の確認

① 求めた解《かい》をもとの方程式に代入する。

② 左辺と右辺が等しいとき，方程式が成り立っている。

6 2次方程式

出る率

2次方程式とその解き方

次の2次方程式を解《と》きなさい。

★ □ 1 $x^2-8=0$

□ 2 $(x+1)^2=5$

□ 3 $5x^2-45=0$

□ 4 $x^2-4x-9=0$

★ □ 5 $x^2+7x+10=0$

□ 6 $x^2-6x=-9$

□ 7 $3(x-4)^2=21$

□ 8 $2x^2+5x+1=0$

□ 9 $x^2-11x+24=0$

□ 10 $4x^2-28x-72=0$

□ 11 $(x-3)^2+3(x-3)+2=0$

□ 12 $\frac{1}{4}x^2=2x+5$

□ 13 $2(x+9)=(x+5)^2$

□ 14 $(x+2)(x-6)=3(x^2-14)$

2次方程式の解と定数

★ □ 15 2次方程式$x^2+ax+b=0$の解《かい》が-3，5のとき，aとbの値《あたい》をそれぞれ求めなさい。

解答

1 $x=\pm2\sqrt{2}$

2 $x=-1\pm\sqrt{5}$

3 $x=\pm3$

4 $x=2\pm\sqrt{13}$

5 $x=-2,\ -5$

6 $x=3$

7 $x=4\pm\sqrt{7}$

8 $x=\frac{-5\pm\sqrt{17}}{4}$

9 $x=3,\ 8$

10 $x=-2,\ 9$

11 $x=1,\ 2$

12 $x=-2,\ 10$

13 $x=-1,\ -7$

14 $x=-5,\ 3$

15 $a=-2,\ b=-15$
xに解を代入する。

ぷちトク！ 覚えておく解の公式

2次方程式$ax^2+bx+c=0$の解は，$x=\frac{-b\pm\sqrt{b^2-4ac}}{2a}$

7 比例と反比例

比例・反比例の式

★ □ **1** 次の場合について，y を x の式で表しなさい。

① y は x に比例し，$x=7$ のとき，$y=14$

② y は x に反比例し，$x=2$ のとき，$y=-4$

□ **2** y は x に比例し，$x=-5$ のとき，$y=2$ である。$y=-10$ のときの x の値《あたい》を求めなさい。

□ **3** y は x に反比例し，$x=-9$ のとき，$y=-\frac{4}{3}$ である。$x=3$ のときの y の値を求めなさい。

比例・反比例のグラフ

□ **4** 下の①は比例，②は反比例のグラフである。それぞれ y を x の式で表しなさい。

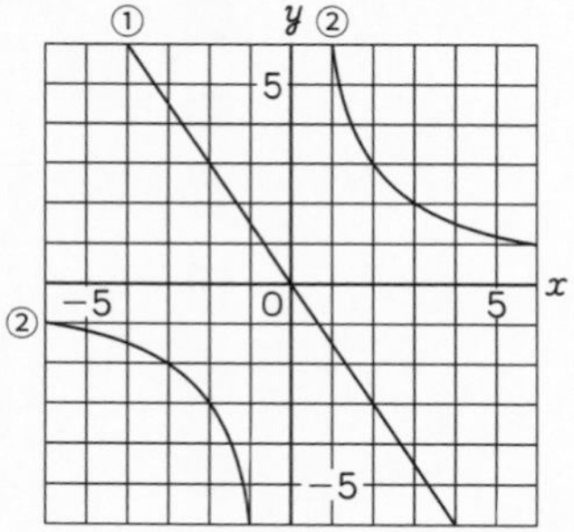

□ **5** $y=\frac{4}{x}$ のグラフ上の点で，x 座標，y 座標がともに整数である点は何個あるか。

解答

1 ① $y=2x$

② $y=-\frac{8}{x}$

2 $x=25$

比例の式は $y=ax$

3 $y=4$

反比例の式は $y=\frac{a}{x}$

4 ① $y=-\frac{3}{2}x$

② $y=\frac{6}{x}$

x 座標，y 座標がともに整数の点を見つける。

5 6個

x は4の約数。

負の場合も考える。

ぷちトク！ 比例の関係

① 比例定数を求めることが重要。

② $y=-○x$ は比例の関係（反比例ではない）。

8 1次関数

出る率

1次関数の変化の割合と式

★ □ **1** $y=\frac{1}{3}x+4$で，xの値《あたい》が3から12まで増加するときのyの増加量を求めなさい。

★ □ **2** 次の条件をみたす1次関数を求めなさい。

① 変化の割合が-3で，$x=-2$のとき，$y=1$である。

② $x=3$のとき$y=5$，$x=9$のとき$y=8$である。

③ グラフが直線$y=2x-7$に平行で，点(2，5)を通る。

方程式とグラフ

□ **3** 下のグラフℓ，mの交点の座標を求めなさい。

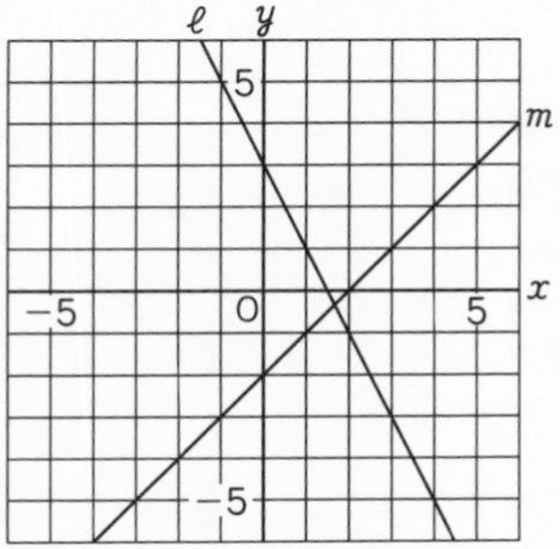

□ **4** $5x-2y=4$のグラフの傾きを求めなさい。

解答

1 3

2 ① $y=-3x-5$

② $y=\frac{1}{2}x+\frac{7}{2}$

③ $y=2x+1$

平行な直線の傾《かたむ》きは等しい。

3 $\left(\frac{5}{3},\ -\frac{1}{3}\right)$

2直線の式を連立方程式として解《と》く。

4 $\frac{5}{2}$

ぷちトク！ 変化の割合

変化の割合 → yの増加量をxの増加量でわった値。1次関数のグラフでは傾きのことで，一定である。

9 関数$y=ax^2$

出る率

2乗に比例する関数

解答

□ ❶ 関数$y=3x^2$のグラフが点$(-2,\ p)$を通るとき，pの値《あたい》を求めなさい。

❶ $p=12$

★ □ ❷ yがxの2乗に比例し，$x=2$のとき$y=8$であるとき，yをxの式で表しなさい。

❷ $y=2x^2$

□ ❸ yがxの2乗に比例し，グラフが点$(3,\ -3)$を通るとき，yをxの式で表しなさい。

❸ $y=-\frac{1}{3}x^2$

□ ❹ 次の関数$y=ax^2$のグラフが点A，Bを通るとき，点Bのy座標を求めなさい。

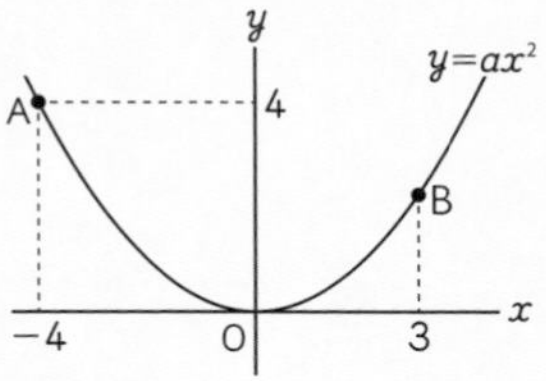

❹ $\frac{9}{4}$

$y=ax^2$に点Aのx座標，y座標の値を代入する。

変域と変化の割合

★ □ ❺ 関数$y=-x^2$のxの変域が$2\leqq x\leqq 4$のとき，yの変域を求めなさい。

❺ $-16\leqq y\leqq -4$

★ □ ❻ 関数$y=\frac{1}{3}x^2$のxの変域が$-6\leqq x\leqq 3$のとき，yの変域を求めなさい。

❻ $0\leqq y\leqq 12$

□ ❼ 関数$y=4x^2$で，xの値が-1から2まで増加するときの変化の割合を求めなさい。

❼ 4

□ ❽ 関数$y=ax^2$で，xの値が3から5まで増加するときの変化の割合が2であるとき，aの値を求めなさい。

❽ $a=\frac{1}{4}$

ぷちトク！ 関数$y=ax^2$

① 1次関数とはちがい，変化の割合は一定にはならないことに注意。

② yの変域を考えるときは，xの変域に0をふくむかどうか確認する。

10 平面図形

出る率

図形の移動

★ □ **1** 次の図は，正方形に対角線をひいたものである。

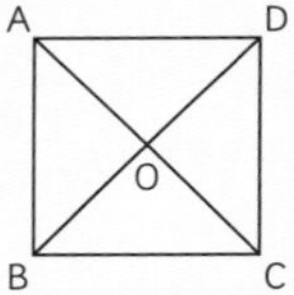

① △AOBを，点Oを中心として時計回りに回転移動させて，△CODに重ね合わせるには，何度回転させればよいか。

② △AOBを，対角線BDを対称《たいしょう》の軸《じく》として対称移動させたとき，重なる三角形はどれか。

解答

1 ① 180°
対応する辺や点に注目する。
② △COB
対応する頂点の順に書く。

基本の作図

[　　]にあてはまる記号を答えなさい。

□ **2** 右の線分ABの垂直二等分線の作図で，
AP＝AQ＝BP＝BQで，
四角形PAQBはひし形となるから，AB⊥P[①]，
AM＝[②]

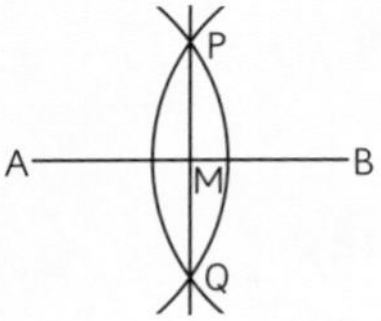

2 ① Q［M］
② BM［MB］
ひし形の対角線はそれぞれの中点で垂直に交わる。

□ **3** 右の∠AOBの二等分線の作図で，OP＝OQ，PM＝QM，OMは共通だから，
△OPM≡△[①]
よって，∠POM＝∠[②]

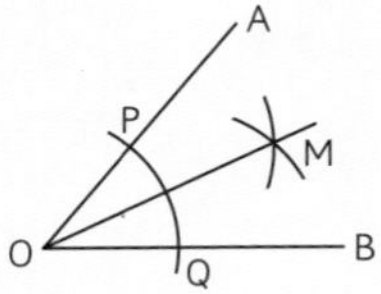

3 ① OQM
② QOM
合同な三角形の対応する角の大きさは等しい。

ぷちトク！ 図形の移動と作図の注意点

① 平行移動，対称移動，回転移動では，図形の形は変わらない。
② 作図でかいた線は消さないこと。

11 円とおうぎ形

出る率

おうぎ形の面積，弧の長さ

★ □ **1** 次のおうぎ形の面積を求めなさい。

①

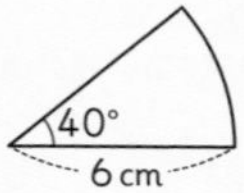

②

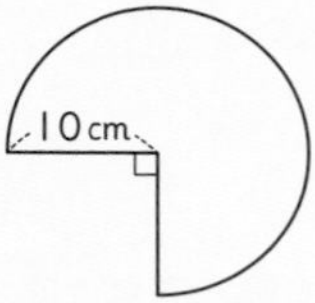

★ □ **2** 次のおうぎ形の弧《こ》の長さを求めなさい。

①

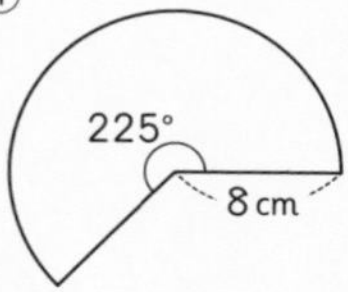

②

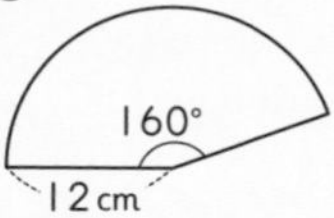

□ **3** 右のおうぎ形の弧の長さが 6π cmのとき，$\angle a$の大きさを求めなさい。

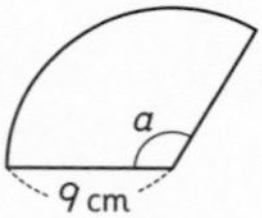

中心角と弧の長さ，面積

□ **4** 右の図のような半径の等しいおうぎ形Pとおうぎ形Qがある。

① PとQの弧の長さの比を求めなさい。

② PとQの面積の比を求めなさい。

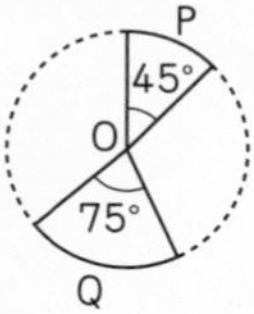

解答

1 ① 4π cm^2

② 75π cm^2

面積 $=\pi r^2\times\dfrac{x}{360}$

（半径r，中心角x°）

2 ① 10π cm

② $\dfrac{32}{3}\pi$ cm

弧の長さ $=2\pi r\times\dfrac{x}{360}$

（半径r，中心角x°）

3 120°

弧の長さについての方程式をつくる。

4 ① 3：5

中心角の比に注目する。

② 3：5

ぷちトク！ 弧の長さ・面積の比

① おうぎ形の半径が等しいとき，弧の長さの比は中心角の比と等しい。

② おうぎ形の半径が等しいとき，面積の比は中心角の比と等しい。

12 空間図形

空間図形の性質

解答

□ **1** 直線ℓは平面Pにふくまれている。平面Pと平面Qが平行のとき，直線ℓと平面Qはどのような位置関係にあるか。

1 平行

★ □ **2** 次の四角柱で，辺ADとねじれの位置にある辺は何本か。ただし，底面の形は台形である。

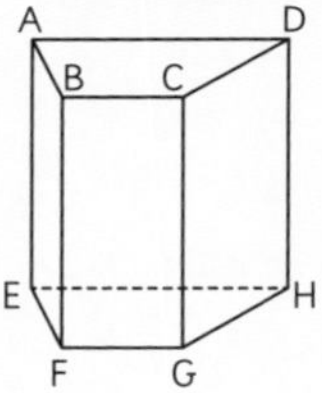

2 4本
交わらなくて，平行でない直線。

★ □ **3** 次の①，②の図形を，それぞれ直線ℓを軸《じく》として1回転させてできる立体を何というか。

① 直角三角形

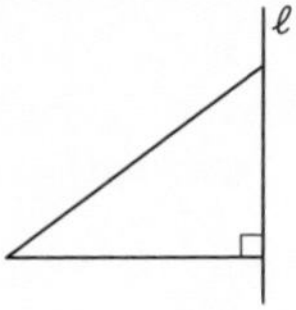

② 半円

3 ① 円錐《えんすい》
② 球

□ **4** 三角柱の投影《とうえい》図は，次のア～ウのうちどれか。

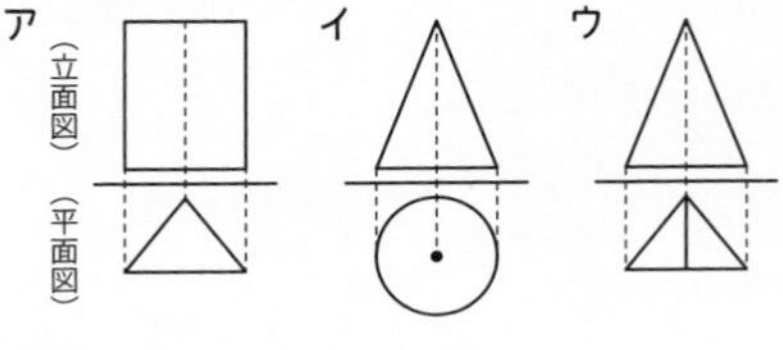

4 ア
立面図は真正面から見た図。
平面図は真上から見た図。

ぷちトク！ 空間図形の考え方

① ねじれの位置にある直線は交わらない辺の中にある。

② 回転体では，軸に垂直な面で切ると切り口が円になる。

13 立体の体積と表面積

出る率

体積

解答

★ □ **1** 次の立体の体積を求めなさい。

①
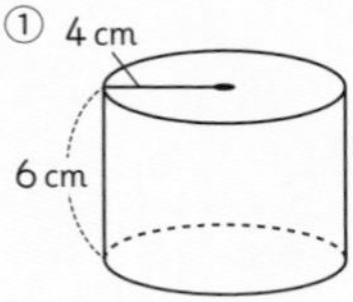

②
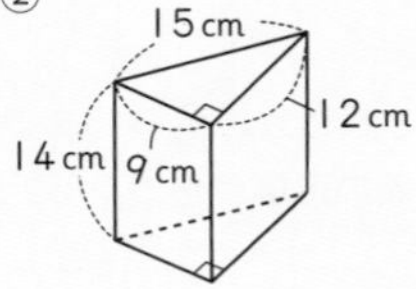

③
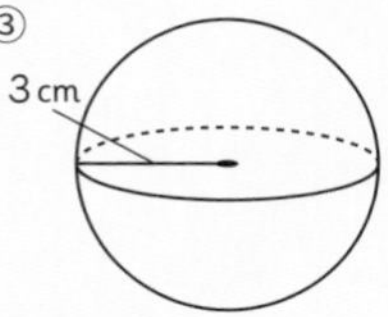

④
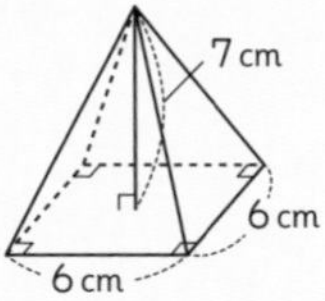

1 ① $96\pi\,\mathrm{cm}^3$

② $756\,\mathrm{cm}^3$

柱体の体積 $= Sh$

（底面積 S，高さ h）

③ $36\pi\,\mathrm{cm}^3$

球の体積 $= \dfrac{4}{3}\pi r^3$

（半径 r）

④ $84\,\mathrm{cm}^3$

錐体《すいたい》の体積 $= \dfrac{1}{3}Sh$

（底面積 S，高さ h）

表面積

★ □ **2** 次の立体の表面積を求めなさい。

①
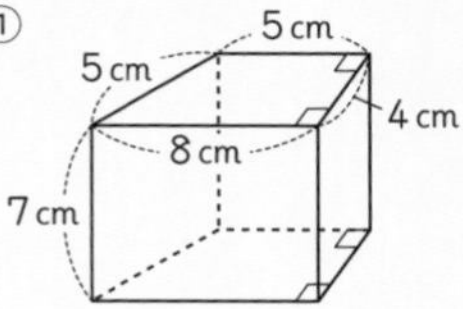

②
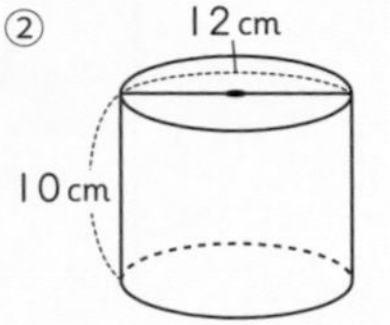

③
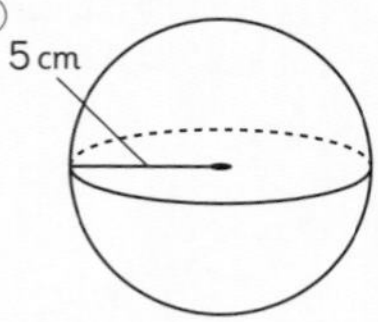

④
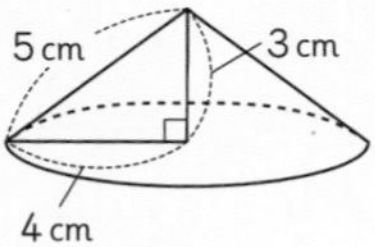

2 ① $206\,\mathrm{cm}^2$

② $192\pi\,\mathrm{cm}^2$

③ $100\pi\,\mathrm{cm}^2$

球の表面積 $= 4\pi r^2$

（半径 r）

④ $36\pi\,\mathrm{cm}^2$

円錐の側面を広げたおうぎ形の弧《こ》の長さと，底面の円周の長さは等しい。

ぷちトク！ 側面積と底面積

① **表面積**は側面積と底面積の合計である。

② 底面積を加えることを忘れないようにする。

14 平行線と角

出る率

多角形の角

解答

□ **1** 次の∠xの大きさを求めなさい。

①

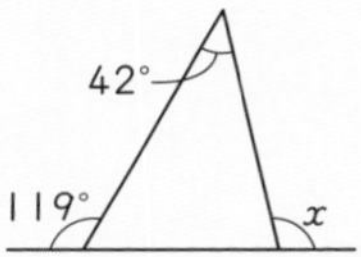

②

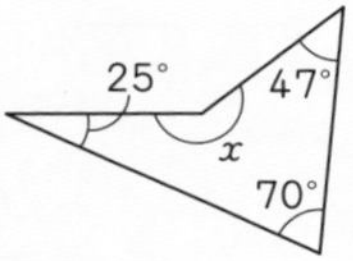

□ **2** 十三角形の内角の和を求めなさい。

□ **3** 1つの外角が18°である正多角形は正何角形か。

□ **4** 正十六角形の1つの外角の大きさを求めなさい。

□ **5** 右の∠xの大きさを求めなさい。

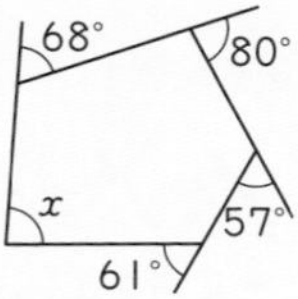

解答

1 ① 103°
三角形の外角は，それととなり合わない2つの内角の和と等しい。
② 218°

2 1980°

3 正二十角形
多角形の外角の和は360°

4 22.5°

5 86°

平行線の同位角，錯角

□ **6** $\ell \parallel m$のとき，次の∠xの大きさを求めなさい。

①

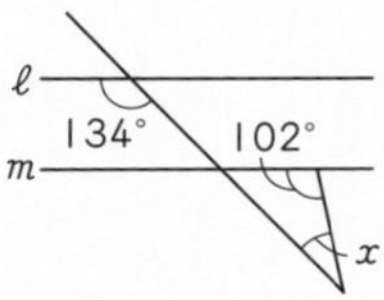

②

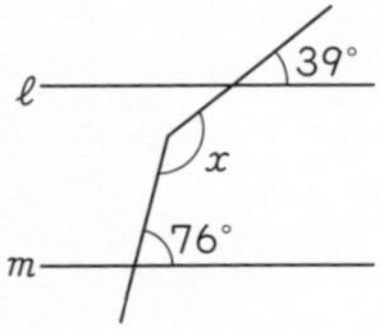

6 ① 32°
② 143°
平行線の同位角，錯角《さっかく》は等しい。

ぷちトク！ 平面図形の考え方

① 図形の中で平行な線を見つける。
② 平行線の同位角，錯角など，等しい角には同じ印をかいていく。

15 三角形

出る率

三角形の合同の証明

解答

★ □ **1** 右の図で，AB＝CB，∠ABD＝∠CBDならば△ABD≡△CBDである。このことを証明するときに使う合同条件を答えなさい。

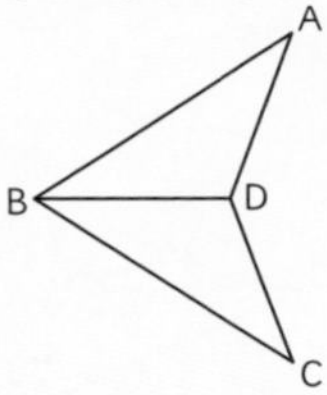

1 2組の辺とその間の角がそれぞれ等しい。

□ **2** 右の四角形ABCDは正方形で，EC＝FDのとき，∠BEC＝∠CFDとなることを証明したい。

① どの三角形とどの三角形が合同であることを証明すればよいか。

② そのときの合同条件を答えなさい。

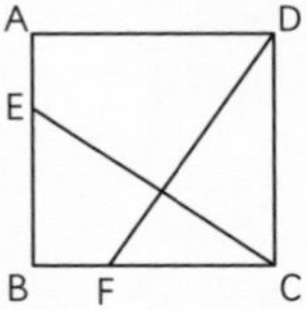

2 ① △EBCと△FCD

② 直角三角形の斜辺《しゃへん》と他の１辺がそれぞれ等しい。

二等辺三角形の性質

★ □ **3** 次の図で，∠xの大きさを求めなさい。

①

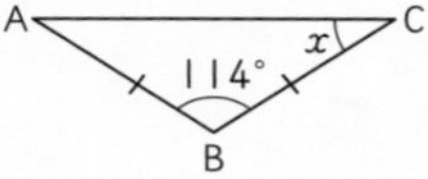

②

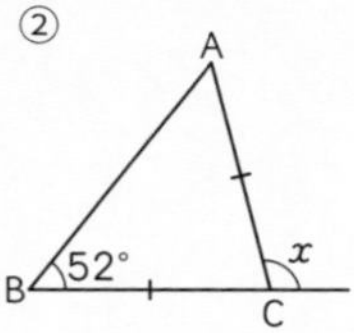

③

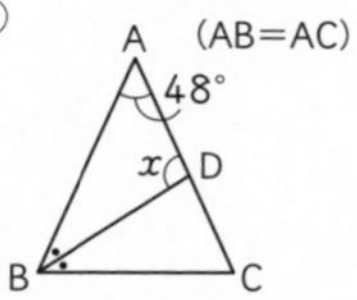

④

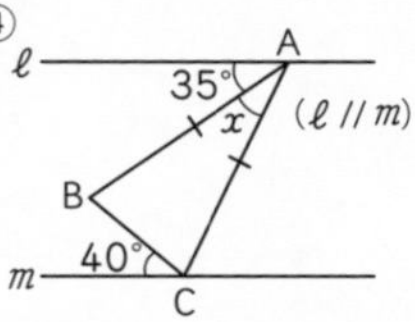

3 ① 33°

② 104°

③ 99°

④ 30°

ぷちトク! 合同の証明の注意点

① 仮定からわかること（等しい辺，等しい角）に印をつける。

② 対応する頂点の順番はそろえて書くこと。

16 四角形

出る率

平行四辺形の性質と証明

□ **1** 右の図で，四角形ABCDは平行四辺形である。

① 線分BFの長さを求めなさい。

② ∠FBCの大きさを求めなさい。

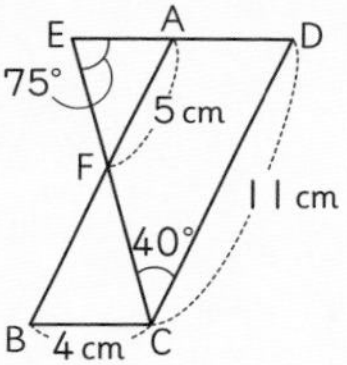

★ □ **2** 右の図で，四角形ABCDは平行四辺形で，EO＝FOであるとき，EB＝DFであることを証明しなさい。

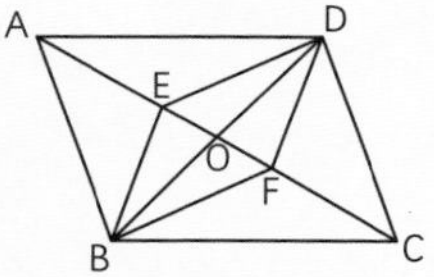

[証明]　仮定より，

EO＝［ ① ］

平行四辺形の対角線はそれぞれの中点で交わるから，BO＝［ ② ］

よって，四角形EBFDは［ ③ ］だから，

EB＝DF

平行四辺形と等積変形

★ □ **3** 右の図で，四角形ABCDは平行四辺形で，点Eは辺BC上の点であり，点FはACとDEの交点であるとき，点Eが辺BC上のどの位置にあっても△AEFと面積が等しい三角形を答えなさい。

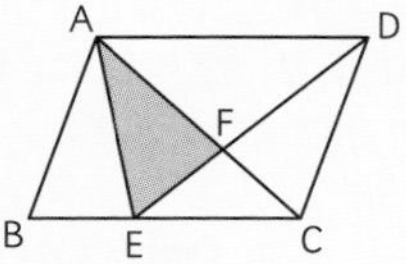

解答

1 ① 6 cm
② 65°

2 ① FO
② DO
③ 平行四辺形

3 △DCF
底辺が共通で，高さの等しい三角形の面積は等しい。

ぷちトク！ 平行四辺形と等式変形

① 平行四辺形の性質は，証明の根拠《こんきょ》として使うことができる。

② 等積変形は，共通する底辺を見つけることがポイント。

17 相似な図形

出る率

相似条件

★ □ **1** 右の図で，相似《そうじ》な三角形を記号∽を使って表しなさい。

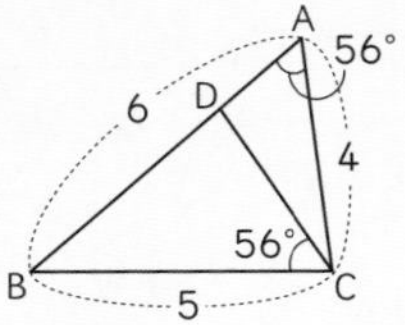

★ □ **2** **1**で使った相似条件を答えなさい。

□ **3** **1**の図で，線分CDの長さを求めなさい。

相似比と面積比・体積比

□ **4** 次のxの値《あたい》を求めなさい。

①

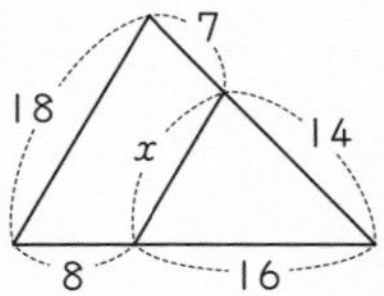

②

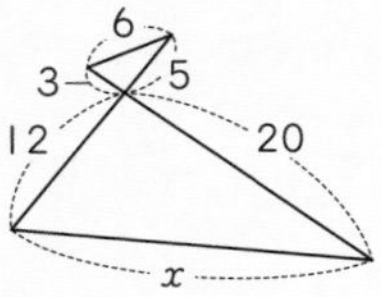

□ **5** △ABC∽△DEFで，AB：DE＝4：5のとき，△ABC：△DEFを求めなさい。

□ **6** 2つの相似な円錐《えんすい》P，Qがあり，その相似比は3：4である。Pの体積が$54\pi\,\text{cm}^3$のとき，Qの体積を求めなさい。

□ **7** 半径が2 cmの球の体積を$A\,\text{cm}^3$，半径が4 cmの球の体積を$B\,\text{cm}^3$とするとき，A：Bを求めなさい。

解答

1 △ABC∽△CBD

2 2組の角がそれぞれ等しい。
∠Bは共通。

3 $\frac{10}{3}$

4 ① 12
② 24
2組の辺の比とその間の角がそれぞれ等しい。

5 16：25
面積比は相似比の2乗。

6 $128\pi\,\text{cm}^3$
体積比は相似比の3乗。

7 1：8

ぷちトク！ 立体の表面積の比・体積比

相似な2つの立体の相似比がa：bのとき，
表面積の比はa^2：b^2，体積比はa^3：b^3である。

18 平行線と比

出る率

平行線と線分の長さの比

解答

★ □ **1** 右の図で，AB // CD である。

① 線分EDの長さを求めなさい。

② 線分ABの長さを求めなさい。

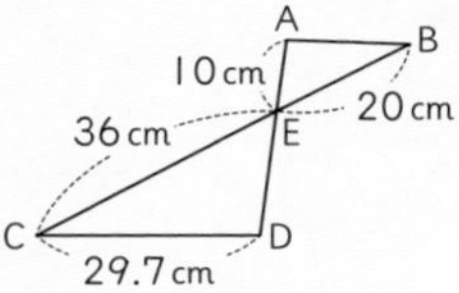

1 ① 18 cm

② 16.5 cm $\left[\dfrac{33}{2}\text{cm}\right]$

△AEB∽△DECとなる。

★ □ **2** 右の図で，ℓ // m // n のとき，x の値《あたい》を求めなさい。

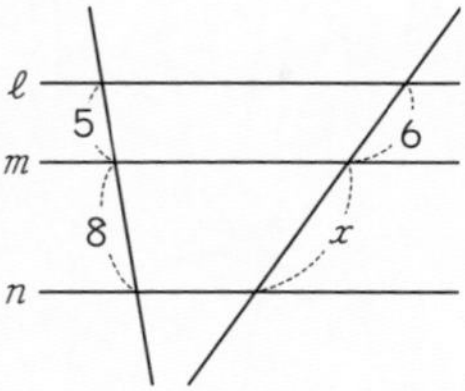

2 $x = 9.6\left[\dfrac{48}{5}\right]$

□ **3** 右の四角形ABCDにおいて，AD // EF // BC のとき，線分EFの長さを求めなさい。

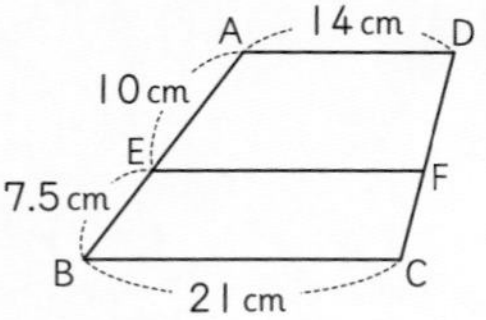

3 18 cm

補助線をひいて考えるとよい。

角の二等分線と比

□ **4** 右の図で，∠BAD＝∠CAD のとき，BDの長さを求めなさい。

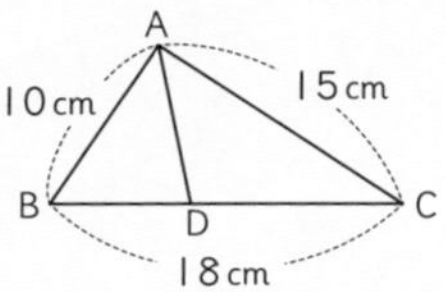

4 7.2 cm $\left[\dfrac{36}{5}\text{cm}\right]$

AB：AC＝BD：DCとなる。

ぷちトク！ 平行線と等しい比

平行な直線があるとき，相似《そうじ》な三角形を見つければ，比を利用して線分の長さを求めることができる。

19 円周角

出る率

円周角の定理

解答

☐ **1** 次の∠xの大きさを求めなさい。ただし，点O は円の中心とする。

①

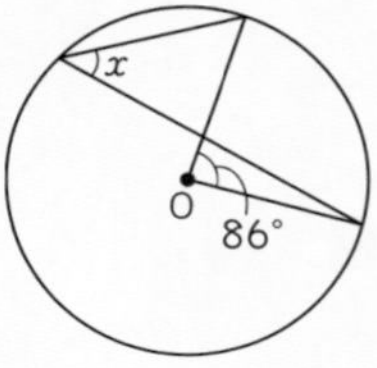

②

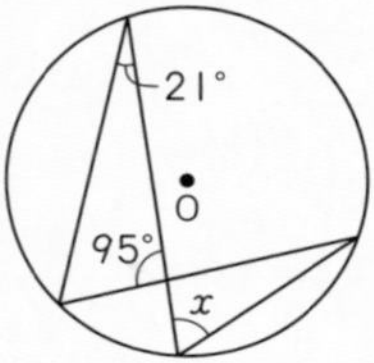

③

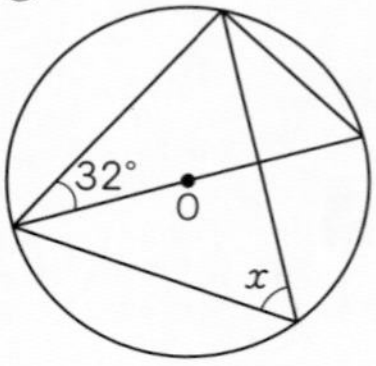

④

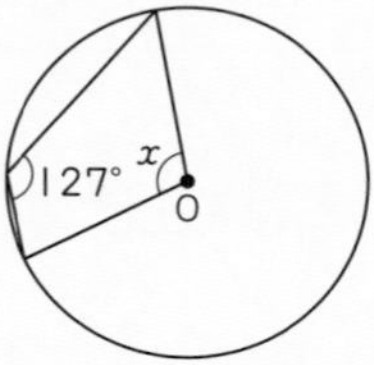

1 ① 43°

円周角《えんしゅうかく》は同じ弧《こ》に対する中心角の$\frac{1}{2}$

② 64°

同じ弧に対する円周角は等しい。

③ 58°

半円の弧に対する円周角は90°

④ 106°

円周角と弧

☐ **2** 右の図で，点A，B，C，Dは円Oの円周上にあり，線分BDは点Oを通る。
$\overset{\frown}{AD}=\overset{\frown}{DC}$，
∠ACB＝44°のとき，∠xの大きさを求めなさい。

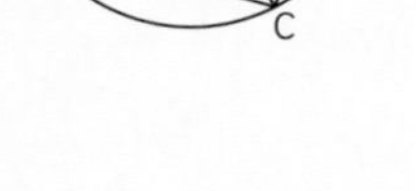

2 46°

1つの円で，弧の長さが等しいなら，対応する円周角の大きさも等しい。

ぷちトク！ 円周角の性質

① 円周角は同じ弧に対する中心角の$\frac{1}{2}$である。

② 半円の弧に対する円周角は90°である。

20 三平方の定理

出る率

直角三角形の辺の長さ

解答

★ □ **1** 次のxの値《あたい》を求めなさい。

①

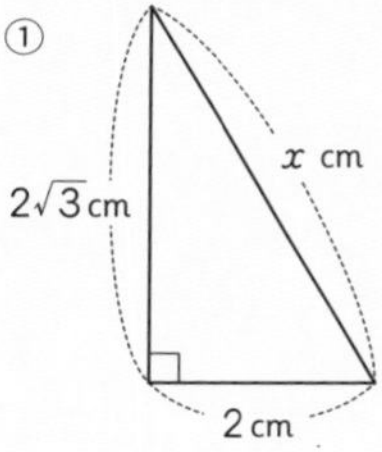

②

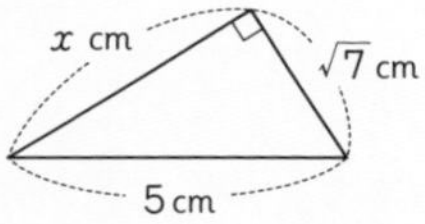

③

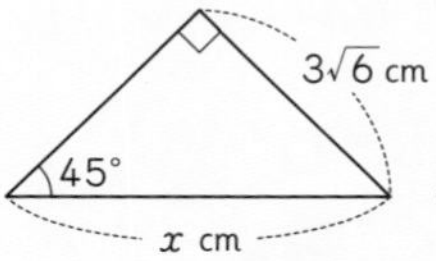

④

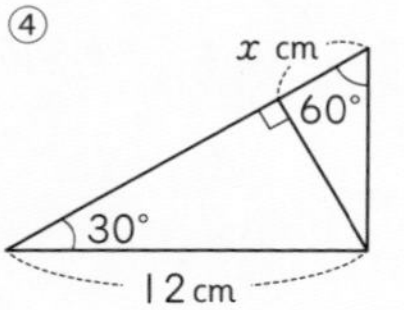

1 ① $x=4$

② $x=3\sqrt{2}$

③ $x=6\sqrt{3}$

$1:1:\sqrt{2}$ を利用する。

④ $x=2\sqrt{3}$

$1:2:\sqrt{3}$ を利用する。

図形と三平方の定理

★ □ **2** 1辺5cmの正方形の対角線の長さを求めなさい。

2 $5\sqrt{2}$ cm

□ **3** 1辺8cmの正三角形の面積を求めなさい。

3 $16\sqrt{3}$ cm^2

□ **4** 等しい2辺が6cm，底辺が4cmである二等辺三角形の面積を求めなさい。

4 $8\sqrt{2}$ cm^2

□ **5** 右の図の直方体ABCD-EFGHの対角線AGの長さを求めなさい。

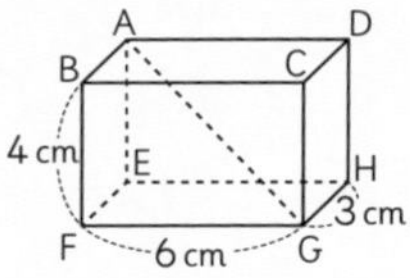

5 $\sqrt{61}$ cm

縦，横，高さがそれぞれa，b，cの直方体の対角線の長さは，$\sqrt{a^2+b^2+c^2}$

ぷちトク！ 特別な直角三角形

直角三角形は，3つの角の大きさが「45°，45°，90°」または「30°，60°，90°」であるか確認する。

21 データの活用

出る率

度数の分布

解答

次の表は，あるクラス25人の数学のテストの得点を度数分布表に整理したものである。

得点(点)	度数(人)
以上　未満	
50～ 60	1
60～ 70	3
70～ 80	7
80～ 90	9
90～100	5
合計	25

★ □ **1** 得点が高い方から15番目の人は，どの階級に入るか。

1 70点以上80点未満の階級

□ **2** 各階級の真ん中の値《あたい》を何というか。

2 階級値

★ □ **3** 最頻値《さいひんち》を求めなさい。

3 85点

★ □ **4** 60点以上70点未満の階級の相対度数を求めなさい。

4 0.12

$(相対度数)=\frac{(その階級の度数)}{(度数の合計)}$

□ **5** 平均値を求めなさい。

5 80.6点

箱ひげ図

★ □ **6** 下の箱ひげ図を見て，次の値を答えなさい。

①最小値　②中央値　③四分位範囲《しぶんいはんい》

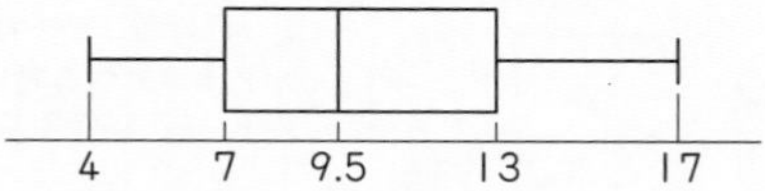

6 ① 4

② 9.5

③ 6

ぷちトク！ 階級値と平均値

度数分布表から平均値を求めるとき，$(平均値)=\frac{(階級値)\times(その階級の度数)の総和}{(度数の合計)}$

22 確率・標本調査

出る率

確率

解答

★ □ **1** 大，小2つのさいころを同時に投げるとき，出た目の数の和が6になる確率を求めなさい。

1 $\frac{5}{36}$

★ □ **2** 袋《ふくろ》の中に，赤玉が2個，白玉が1個，青玉が1個入っている。この袋の中から玉を2個とり出すとき，2個とも赤玉である確率を求めなさい。

2 $\frac{1}{6}$
赤玉2個を区別して考える。

★ □ **3** 10円硬貨《こうか》を3回投げるとき，少なくとも1回は表が出る確率を求めなさい。

3 $\frac{7}{8}$

□ **4** 1から5までの数字が1つずつ書かれた5枚のカードの中から，2枚を続けてひき，ひいた順に十の位，一の位として2けたの整数をつくる。このとき，2けたの整数が4の倍数となる確率を求めなさい。ただし，ひいたカードはもとにもどさないものとする。

4 $\frac{1}{5}$
樹形図をかいて考えるとよい。

標本調査

□ **5** 次の調査では，全数調査《ぜんすうちょうさ》と標本調査《ひょうほんちょうさ》のどちらが適切か。
① 学校で行う体力テスト
② テレビ番組の視聴率《しちょうりつ》調査
③ りんごの果汁《かじゅう》の糖度の調査

5 ① 全数調査
② 標本調査
③ 標本調査

★ □ **6** ある工場でつくった製品を無作為《むさくい》に300個抽《ちゅう》出《しゅつ》して検査したところ，2個が不良品であった。この工場でつくった18000個の中には，およそ何個の不良品がふくまれていると考えられるか。

6 およそ120個
比例式をつくる。

ぷちトク！ 確率の求め方

① 確率では，図や表をかいて考える。
② 複数個を選ぶ場合，並び方の区別があるかどうかに注目する。

ぷち まとめ

大事な用語・記号の確認

◎ 1次関数

・(変化の割合)＝$\dfrac{(y\text{の増加量})}{(x\text{の増加量})}$

・1次関数 $y=ax+b$ のグラフで，

a を(傾《かたむ》き)，b を(切片《せっぺん》)という。

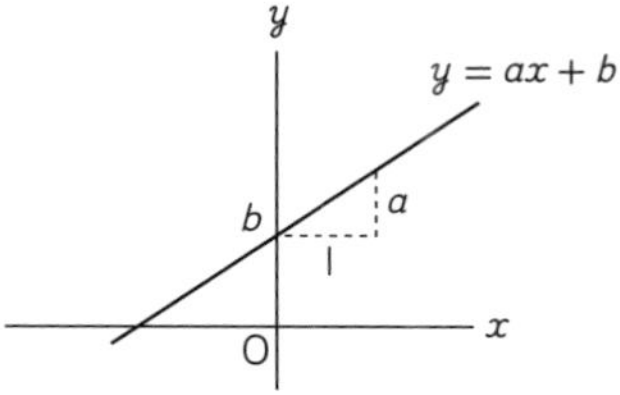

◎ 平行線と角

・∠a と∠b を(対頂角)，∠a と∠c を(同位角)，

∠b と∠c を(錯《さっ》角《かく》)という。∠a ＝∠b である。

・($\ell \parallel m$)のとき，∠a ＝∠c，∠b ＝∠c

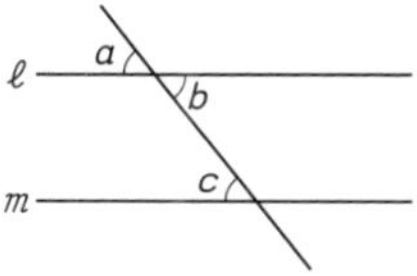

◎ 円の接線

・円の接線は，接点を通る半径に(垂直)である。

・接点が与えられた円の接線の作図は，

接点を通る(半径)の垂線をひく。

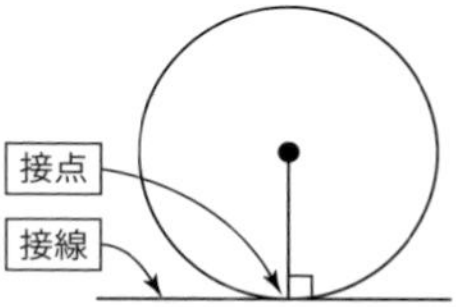

◎ 直線・平面の位置関係

・直線 ℓ と平面Pの位置関係には，次の場合がある。

①(直線が平面上にある)

②(交わる)

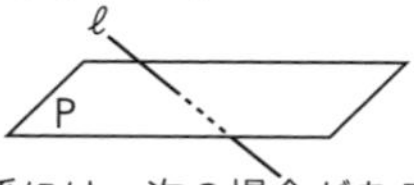

③(平行)

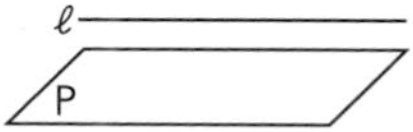

・直線 ℓ と直線 m の位置関係には，次の場合がある。

①(平行)

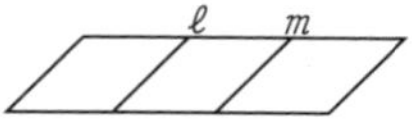

②(交わる)

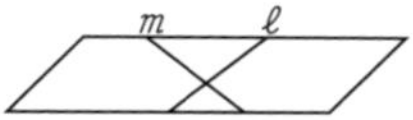

③(ねじれの位置)

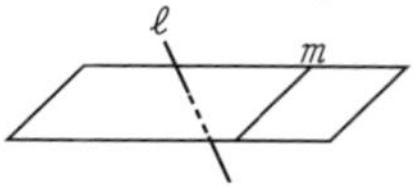

ENGLISH

英語

1 be動詞

出る率

be動詞の使い分け

次の英文の(　　)内から適切な語を選びなさい。

- □ 1 I (am / are / is) from Tokyo.
- □ 2 They (are / was / were) students twenty years ago.
- ★ □ 3 She (is / are / were) not a singer.
- □ 4 (Is / Are / Were) that boy Yuta?
- □ 5 He (am / is / was) in America last year.

次の英文の____に適切な１語を入れなさい。

- □ 6 あなたはバスケットボール選手ですか。
  ____ you a basketball player?
- ★ □ 7 ケンとサトシは先週，忙《いそが》しかったですか。
  ____ Ken and Satoshi busy last week?
- □ 8 今日は晴れではありません。
  It ____ sunny today.

次の(　　)内の指示に従った英文に書きかえるとき，____に適切な１語を入れなさい。

- ★ □ 9 I am a student at this school. (I を We に)
  We ____ ____ at this school.
- □ 10 Aya is tired. (「昨日」をつけて過去の文に)
  Aya ____ tired ____.

解答

1 am

2 were
～ ago「～前に」。過去を表す語。

3 is

4 Is

5 was
last ～「昨～，この前の～」

6 Are

7 Were
主語(ケンとサトシ)は複数。

8 isn't
解答欄《らん》が１つなので，短縮形を用いる。

9 are students
主語(We)は複数。

10 was，yesterday

ぷちトク！ 主語の数と名詞の数

主語とbe動詞のあとの名詞の単数・複数は一致《いっち》する。

例 They are soccer players. (彼らはサッカー選手です。)
(They ←― 複数 ―→ players)

2 一般動詞(現在)

出る率

一般動詞の現在形

次の英文の(　　)内から適切な語を選びなさい。

□ 1 Akira (live / lives) in Yokohama now.

□ 2 Those people (run / runs) every day.

□ 3 We (doesn't / don't / aren't) play tennis.

★□ 4 (Do / Does / Are) she speak English?

次の(　　)内の語を必要に応じて適切な形に変えて____に入れなさい。ただし，すべて現在の文とする。

★□ 5 Miki ____ English hard. (study)

□ 6 They sometimes ____ to the movies. (go)

□ 7 Mr. Brown ____ English to us. (teach)

□ 8 The sun ____ in the east. (rise)

次の(　　)内の指示に従った英文に書きかえるとき，____に適切な1語を入れなさい。

★□ 9 Tom watches TV after dinner. (疑問文に)
____ Tom ____ TV after dinner?

□ 10 Do Yuto and Tom like soccer? (Noで答えて)
— No, ____ ____.

□ 11 Yumi knows Mr. Tanaka well. (否定文に)
Yumi ____ ____ Mr. Tanaka well.

解答

1 lives

2 run

3 don't

4 Does
主語(she)は3人称単数。
・主語が3人称単数のとき，動詞の語尾に(e)sをつける。

5 studies

6 go

7 teaches

8 rises

9 Does，watch

10 they don't
主語はYuto and Tomで複数。

11 doesn't know

ぷちトク！ 3人称単数の主語とdoes

一般動詞の現在形の否定文，疑問文は主語が3人称単数のときだけdoesを用いる。

例 Taro does not like fish. (タロウは魚が好きではありません。)
3人称単数

3 一般動詞(過去)

出る率

規則動詞の過去形

次の英文の(　　)内から適切な語を選びなさい。

★ □ **1** He (watches / watched) TV last night.

□ **2** The movie didn't (start / started) at two.

□ **3** Did Mary (use / uses / used) this bike?
— Yes, she (do / does / did).

□ **4** Who (cooks / cooked) dinner yesterday?

不規則動詞の過去形

次の(　　)内の指示に従った英文に書きかえるとき，____に適切な1語を入れなさい。

□ **5** Aki comes to my house. (「昨日」をつけて)
Aki ____ to my house ____.

★ □ **6** I saw Mamoru at the library. (否定文に)
I ____ ____ Mamoru at the library.

□ **7** He wrote this story last year. (疑問文に)
____ he ____ this story last year?

次の対話文の____に適切な1語を入れなさい。

★ □ **8** *A*：What did Mami buy for her brother?
B：She ____ a nice T-shirt.

□ **9** *A*：Did you get up early this morning?
B：No, I ____. I ____ up at eight.

解答

1 watched

2 start

3 use，did

4 cooked
yesterdayに注目。

5 came，yesterday

6 didn't see

7 Did，write

・*A*の文の動詞と時制に注目。

8 bought

9 didn't，got

ぷちトク！ 主語と動詞の過去形

一般動詞の過去形は，主語が何であっても同じ形になる。

例 We went to the park.　　My sister went to the park.
(We：1人称複数)　(My sister：3人称単数)

4 進行形

出る率

現在進行形と過去進行形

次の英文の(　　)内から適切な語を選びなさい。

□ 1 Aya (am / is / are) studying English now.

□ 2 I was (talk / talked / talking) with Saki.

□ 3 The baby (am / is / was) sleeping at six yesterday.

□ 4 What (are / was / were) they doing now?

★ □ 5 (Did / Do / Were) you studying then?
— No, I (did / am / was) not.

次の英文の____に適切な１語を入れなさい。

□ 6 あなたたちは3時ごろ走っていましたか。
____ you ____ at about three?

□ 7 私は今，宿題をしているのではありません。
____ ____ ____ my homework now.

次の(　　)内の指示に従った英文に書きかえるとき，____に適切な１語を入れなさい。

★ □ 8 Takashi watches a soccer game.
(nowをつけて現在進行形の文に)
Takashi ____ ____ a soccer game now.

□ 9 I didn't read the book. (過去進行形の文に)
I ____ ____ the book.

解答

1 is

2 talking

3 was

4 are

5 Were，was

6 Were，running
進行形の疑問文にする。

7 I'm not doing
進行形の否定文にする。

8 is watching

9 wasn't reading
解答欄《らん》の数から短縮形を用いる。

ぷちトク! haveの進行形

haveはふつう進行形にしないが，「食べる」などの動作を表すときは進行形にできる。

例 I am having lunch now. (私は今，昼食を食べています。)
（am having：進行形）

5 命令文

出る率

肯定・否定の命令文，Let's ～. の文

解答

次の英文の____に適切な１語を入れなさい。

・動詞の原形で文を始める。

□ 1 この絵を見なさい。
____ at this picture.

1 Look

★ □ 2 だれにでも親切にしなさい。
____ kind to everyone.

2 Be
kind「親切な」は形容詞。

□ 3 図書館で食べたり飲んだりしてはいけません。
____ eat or drink in the library.

3 Don't
否定の命令文。

□ 4 ここで昼食を食べましょう。
― ええ，そうしましょう。
____ ____ lunch here. ― Yes, ____.

4 Let's eat [have]，let's

次の英文の下線部の意味を答えなさい。

□ 5 Please write your name here.

5 書いてください

□ 6 Don't be late for the meeting.

6 遅《おく》れてはいけません

次の（　　）内の指示に従った英文に書きかえるとき，____に適切な１語を入れなさい。

★ □ 7 You open the door.（ていねいな命令文に）
____ ____ the door.

7 Please open

□ 8 We sing a song together.
（「～しましょう」と誘《さそ》う文に）
____ ____ a song together.

8 Let's sing

ぷちトク！ Let's ～. の答え方

同意するときはYes, let's. と，断るときはNo, let's not. と答える。

例 Let's play soccer together.（いっしょにサッカーをしましょう。）
― Yes, let's.（はい，しましょう。）/ No, let's not.（いいえ，やめておきましょう。）

6 未来の文

出る率

be going to ～の文

次の英文の(　　)内の語を並べかえなさい。文頭の語も小文字になっています。

□ 1 Yumi and I (to / play / going / are) tennis this afternoon.

□ 2 My sister (going / not / is / to) visit Okinawa this summer.

□ 3 (he / to / is / going) leave Tokyo at two?

★ □ 4 (are / going / you / what) to do tomorrow?

will ～の文

次の英文の____に適切な1語を入れなさい。

□ 5 私は今晩レンに電話をかけるつもりです。
I ____ ____ Ren this evening.

□ 6 マリはいつアキコに会うでしょうか。
When ____ Mari ____ Akiko?

次の(　　)内の指示に従った英文に書きかえるとき，____に適切な1語を入れなさい。

★ □ 7 It's sunny today. (today を tomorrow に)
It ____ ____ sunny tomorrow.

□ 8 The train will arrive at ten. (否定文に)
The train ____ ____ at ten.

解答

・〈be going to＋動詞の原形〉

1 are going to play

2 is not going to

3 Is he going to

4 What are you going

・〈will＋動詞の原形〉

5 will call

6 will，meet[see]

7 will be
It's は It is の短縮形。
sunny「晴れた」は形容詞。

8 won't arrive
解答欄《らん》が2つだけなので短縮形を用いる。

ぷちトク！ be going to ～と will ～のちがい

すでに決まっている予定を表すときは be going to ～を用いる。

例 I am going to visit Osaka this summer.（この夏は大阪を訪《おとず》れる予定です。）

will ～は「その場でしようと決めた未来のこと」を表す。

7 疑問詞①

出る率

what, who, which, whose を使った疑問文

次の英文の＿＿に適切な語を，あとから選んで入れなさい。

□ 1 ＿＿ computer is this? — It's my father's.

★ □ 2 ＿＿ is that girl? — She is Sakura.

□ 3 ＿＿ is your bag? — That black one is.

□ 4 ＿＿ did Mika do before dinner?
— She did her homework.

〔 Who　Which　Whose　What 〕

次の英文の＿＿に適切な１語を入れなさい。

□ 5 紅茶とコーヒーではどちらが欲《ほ》しいですか。
＿＿ do you want, tea or coffee?

★ □ 6 カズヤは何のスポーツが好きですか。
＿＿ ＿＿ does Kazuya like?

□ 7 だれがこれらの写真を撮《と》りましたか。
＿＿ took these pictures?

次の英文を下線部をたずねる疑問文に書きかえるとき，＿＿に適切な１語を入れなさい。

★ □ 8 That is Ken's bike. → ＿＿ ＿＿ is that?

□ 9 It's two o'clock now.
＿＿ ＿＿ is it now?

解答

1 Whose

2 Who

3 Which

4 What

5 Which

6 What sport(s)

7 Who
疑問詞が主語のときは，疑問詞以下が肯定文の語順になる。

8 Whose bike

9 What time
下線部は時刻を表している。

ぷちトク！ which「どの」とwhat「何の」の使い分け

限られたものの中から選ぶときはwhatではなく，which を使う。

例 Which bag do you want?（あなたはどのかばんが欲しいですか。）
↑ 店にある限られたかばんの中から選ぶイメージ

8 疑問詞②

出る率

where, when, why を使った疑問文

解答

次の英文の(　　)内から適切な語を選びなさい。

□ 1 (Where / When) is your birthday?
— It's June 20.

1 When

□ 2 (Why / Where) will you go tomorrow?
— I will go to the stadium.

2 Where

★ □ 3 (Why / When) did you go to bed early last night? — Because I was tired.

3 Why
Because ～. で理由を答えている。

how を使った疑問文

次の英文の(　　)内の語を並べかえなさい。文頭の語も小文字になっています。

★ □ 4 (go / how / they / do) to school?
— They go to school by bike.

4 How do they go
〈by＋乗り物名〉で移動手段を表す。

□ 5 (long / you / how / were) in Hokkaido?
— For three days.

5 How long were you
For ～. で期間を答えている。

次の英文を下線部をたずねる疑問文に書きかえるとき，＿＿に適切な１語を入れなさい。

□ 6 Miki has about 100 books in her room.
＿＿ ＿＿ books does Miki have in her room?

6 How many

★ □ 7 Tomoki's brother is sixteen years old.
＿＿ ＿＿ is Tomoki's brother?

7 How old
下線部は年齢《ねんれい》を表している。

ぷちトク！ セットで使う疑問詞how

〈how＋形容詞〔副詞〕〉の形でいろいろなことがたずねられる。

例 how long（長さ・期間），how often（頻度《ひんど》），how many（数），how much（値段・量），how far（距離《きょり》），how old（年齢）

9 助動詞①

出る率

can と should

次の英文の____に適切な１語を入れなさい。

□ **1** 私は上手に歌うことができません。
I ____ ____ well.

□ **2** あなたはすぐ家に帰るべきです。
You ____ go home right now.

★ □ **3** 彼女はその試合に勝つことができました。
She was ____ ____ win the game.

must と have to ～

次の各組の英文がほぼ同じ意味になるように，
____に適切な１語を入れなさい。

□ **4** She must do a lot of homework.
She ____ ____ do a lot of homework.

★ □ **5** Don't go out today.
You ____ ____ out today.

次の（　　）内の指示に従った英文に書きかえるとき，____に適切な１語を入れなさい。

★ □ **6** Must I wash the dishes?（Noで答えて）
— No, you ____ ____ ____.

□ **7** I must help my mother.（過去の文に）
I ____ ____ help my mother.

解 答

1 cannot [can't] sing
助動詞（can，shouldなど）のあとは動詞の原形。

2 should

3 able to

4 has to

5 mustn't go
Don't ～.
「～してはいけません」

6 don't have to

7 had to
mustには過去形がないので注意。

ぷちトク！ must と have to ～の否定文

must と have to ～は肯定文ではほぼ同じ意味だが，否定文では意味がちがう。

例 You must not speak Japanese here. ←話してはいけない（禁止）
You don't have to speak Japanese here. ←話さなくてもよい（不必要）

10 助動詞②

出る率

依頼，許可，申し出，勧誘の表現

解答

次の英文の(　　)内から適切な語句を選びなさい。

□ **1** (May I / Shall I) borrow your bike?
— Of course.

1 May I
May I ～?は許可を求める，Shall I ～?は申し出をする表現。

□ **2** (Will you / Shall we) watch the movie?
— Yes, let's.

2 Shall we

□ **3** (Can you / May I) make dinner for me?
— I'm sorry, but I can't.

3 Can you

次の英文の(　　)内の語を並べかえなさい。文頭の語も小文字になっています。

□ **4** そのいすを体育館へ運びましょうか。
(shall / carry / I) the chair to the gym?

4 Shall I carry

★ □ **5** ケーキはいかがですか。
(you / would / like) some cake?

5 Would you like
相手に物をすすめる表現。

□ **6** あなたの学校について話してくださいますか。
(you / could / me / tell) about your school?

6 Could you tell me

次の各組の英文がほぼ同じ意味になるように，____に適切な1語を入れなさい。

□ **7** Please help me with my report.
____ ____ help me with my report?

7 Will［Can，Could，Would］you

★ □ **8** Let's go to the festival next Sunday.
____ ____ go to the festival next Sunday?

8 Shall we
Let's ～.「～しましょう」は相手を誘《さそ》う表現。

ぷちトク！ Shall I ～?とShall we ～?

Shall I ～? は自分から申し出るときに，Shall we ～? は相手を誘うときに使う表現。

- Shall I ～?「(私が)～しましょうか」←するのは「私」
- Shall we ～?「(いっしょに)～しましょうか」←するのは「私たち」

11 There is[are] ～.

出る率

There is[are] ～. の文

次の英文の____に適切な１語を入れなさい。

□ 1 There ____ a cat by the door now.

□ 2 There ____ some bookstores near here two years ago.

□ 3 Are there any students in the classroom?
— Yes, ____ ____.

次の英文の(　　)内の語句を並べかえなさい。文頭の語も小文字になっています。

□ 4 (a book / is / there) on the desk?

□ 5 (any boys / not / there / are) in the park.

次の(　　)内の指示に従った英文に書きかえるとき，____に適切な１語を入れなさい。

★ □ 6 There are three pens on the desk.
(下線部をたずねる疑問文に)
____ many pens ____ ____ on the desk?

□ 7 There was a box under the table.
(下線部をfourに変えて)
There ____ four ____ under the table.

★ □ 8 Our town has two libraries.
(ほぼ同じ内容の文に)
____ ____ two libraries in our town.

解答

1 is

2 were
過去の時を表す語句がある。

3 there are

4 Is there a book

5 There are not any boys

6 How，are there

7 were，boxes
複数になるので，fourに続く名詞とbe動詞の形を変える。

8 There are
「私たちの町は～を持っています」→「私たちの町には～があります」

ぷちトク！ 〈There is[are] ～.〉で表せない内容

特定のもの(my book，the CDなど)があることを表すことはできない。

例 × There is my book on the desk.
○ My book is on the desk. (私の本は机の上にあります。)

12 不定詞①

出る率

名詞的用法，形容詞的用法，副詞的用法	解答
次の英文の下線部の意味を答えなさい。	
□ 1 My brother likes to run in the park.	1 走るのが好きだ
□ 2 Maki has a lot of homework to do.	2 するべき宿題
★ □ 3 Saki got up early to practice tennis.	3 練習するために
次の英文の(　　)内の語句を並べかえなさい。文頭の語も小文字になっています。	
★ □ 4 We will buy (drink / to / something).	4 something to drink
□ 5 I (to / visited / take / the zoo) pictures.	5 visited the zoo to take
□ 6 My dream (live / is / to) in New York.	6 is to live
□ 7 Why did you go to the store? —(buy / to / some eggs).	7 To buy some eggs Why ～?にはBecause ～.のほかにTo ～.「～するため」という答え方がある。
次の英文の＿＿に適切な1語を入れなさい。	
□ 8 あなたは何になりたいですか。 What do you ＿＿ ＿＿ ＿＿?	8 want to be[become]
★ □ 9 彼には朝食を食べる時間が必要です。 He needs ＿＿ ＿＿ ＿＿ breakfast.	9 time to eat[have] 「～する(ための)時間」＝〈time to＋動詞の原形〉
□ 10 私はあなたに会えてうれしいです。 I'm glad ＿＿ ＿＿ you.	10 to see[meet] 〈感情を表す形容詞＋to＋動詞の原形〉
□ 11 雨はいつ降り始めましたか。 When did it ＿＿ ＿＿ rain?	11 start[begin] to

ぷちトク！ 形容詞的用法の不定詞の語順

形容詞的用法では〈to＋動詞の原形〉が直前の(代)名詞を修飾《しゅうしょく》する。

例 I have a lot of things to do. (私にはするべきことがたくさんあります。)

〈名詞＋to＋動詞の原形〉の語順

13 不定詞②

出る率

It is ...（for＋人）to ～.

解答

次の英文の(　　)内の語を並べかえなさい。

□ 1 It (read / to / is / fun) comic books.

1 is fun to read

★ □ 2 It's difficult (me / speak / for / to) English.

2 for me to speak
〈for＋人〉は〈to＋動詞の原形〉の前に置く。

次の英文の____に適切な１語を入れなさい。

□ 3 あなたにとってピアノを弾《ひ》くのは簡単ですか。
Is ____ easy ____ you ____ play the piano?

3 it，for，to

□ 4 外国を訪《おとず》れることはおもしろいです。
____ is interesting ____ ____ foreign countries.

4 It，to visit

次の２つの英文がほぼ同じ意味になるように，____に適切な１語を入れなさい。

★ □ 5 To eat breakfast is good for students.
____ is good for students ____ ____ breakfast.

5 It，to eat
To eat breakfastが主語の文をIt is ....の文に書きかえる。

原形不定詞

次の英文の(　　)内の語句を並べかえなさい。文頭の語も小文字になっています。

□ 6 あなたの写真を私に見せてください。
(your pictures / see / let / me).

6 Let me see your pictures
〈let＋目的語＋動詞の原形〉

★ □ 7 私は母が夕食をつくるのを手伝いました。
I (my mother / dinner / helped / make).

7 helped my mother make dinner
〈help＋目的語＋動詞の原形〉

ぷちトク！ Itが指すもの

Itはto ～を指し，〈for＋人〉がto ～の動作をする人（意味上の主語）になっている。

例 It was necessary for him to run.（彼は走る必要がありました。）
（It と to run は）同じ

14 不定詞③

出る率

疑問詞＋to ～

解答

次の英文の____に適切な１語を入れなさい。

□ **1** あなたは最初に何をしたらよいか知っていますか。
Do you know ____ ____ do first?

□ **2** どこでバスに乗ればよいか教えてください。
Please tell me ____ ____ take the bus.

★ □ **3** 私は彼女にたこ焼きのつくり方を教えました。
I showed her ____ ____ make *takoyaki*.

1 what to

2 where to
takeには「(乗り物に)乗る」という意味もある。

3 how to

〈主語＋動詞＋目的語(人)＋to ～〉SVO＋to ～

次の英文の(　　)内の語を並べかえなさい。

□ **4** Ms. Oka (close / me / to / asked) the door.

□ **5** My parents (me / be / to / want) a doctor.

□ **6** I (told / to / him / come) here.

4 asked me to close

5 want me to be

6 told him to come
動詞のすぐあとに「人」を置く。

不定詞をふくんだそのほかの重要表現

次の英文の(　　)内の語を並べかえなさい。

★ □ **7** 私はとても空腹なので歩けません。
I'm (to / too / walk / hungry).

□ **8** 彼は親切にも私を家に送ってくれました。
He was (take / enough / to / kind) me home.

7 too hungry to walk
too … to ～
「とても…で～できない」

8 kind enough to take
… enough to ～
「～するほど…だ，…にも～する」

ぷちトク! 不定詞の意味上の主語

〈主語＋動詞＋目的語(人)＋to ～〉では，目的語の「人」がto ～の意味上の主語になる。

例 I want you to win the game.（私はあなたに試合に勝ってほしいです。）
S　V　O ←「(試合に)勝つ」のは目的語のyou

15 動名詞

出る率

主語や補語になる動名詞

次の英文の下線部の意味を答えなさい。

★ □ 1 Talking with my friends is a lot of fun.

□ 2 My hobby is listening to music.

次の英文の（　　）内の語句を並べかえなさい。文頭の語も小文字になっています。

□ 3 (taking / my job / is) care of dogs.

□ 4 (English / is / studying) important to you.

動詞や前置詞の目的語になる動名詞

次の英文の____に適切な１語を入れなさい。

★ □ 5 その男の子たちは海で泳いで楽しみました。
The boys enjoyed ____ in the sea.

□ 6 あなたは歌を歌うことが好きですか。
Do you like ____ songs?

□ 7 私たちは昼食を食べ終えました。
We finished ____ lunch.

★ □ 8 彼女はピアノを弾《ひ》くのが上手です。
She is good at ____ the piano.

次の英文の（　　）内の語句を並べかえなさい。

□ 9 They (cleaning / started / the park).

□ 10 Saori is (in / cooking / interested).

解答

1 友達と話すこと

2 音楽を聞くこと
My hobby = listening to music の関係。

3 My job is taking

4 Studying English is
動名詞は文の主語にもなる。

5 swimming

6 singing

7 eating [having]

8 playing
直前に前置詞 at がある。動名詞は前置詞の目的語にもなる。

9 started cleaning the park

10 interested in cooking

ぷちトク！ 動名詞が主語の文

動名詞が主語になるときは，３人称単数扱いになる。

例 Living in Paris is my dream.　（パリに住むことは私の夢です。）
（Living in Paris：主語）

16 動名詞と不定詞

出る率

動名詞と不定詞

解答

次の英文の(　　)内から適切な語句を選びなさい。

□ 1 I'll finish (to make / making) a pizza soon.
1 making

□ 2 Do you want (coming / to come) with me?
2 to come

□ 3 I hope (to see / seeing) you soon.
3 to see

□ 4 We enjoyed (fishing / to fish) a lot.
4 fishing

次の英文の____に適切な１語を入れなさい。

□ 5 その男性はレポートを書き終えました。
The man ____ ____ a report.
5 finished writing

★ □ 6 2時間前に雨が降りやみました。
It ____ ____ two hours ago.
6 stopped raining

□ 7 タロウは夕食を食べたあとで宿題をしました。
Taro did his homework after ____ ____.
7 eating[having] dinner
不定詞は前置詞のあとには置けない。

次の各組の英文がほぼ同じ意味になるように，____に適切な１語を入れなさい。

・動名詞と不定詞の両方を目的語にとる動詞は，like，love，start，beginなど。

□ 8 Does she like to use the Internet?
Does she like ____ the Internet?
8 using

□ 9 A baby started crying.
A baby started ____ ____.
9 to cry

★ □ 10 To walk every day is good for your health.
____ every day is good for your health.
10 Walking
「毎日歩くこと」が主語。

ぷちトク! 不定詞 / 動名詞のみを目的語にとる動詞

不定詞のみ，動名詞のみを目的語にとる動詞は決まっている。

例 不定詞のみ：expect，hope，decide，wantなど。
動名詞のみ：finish，enjoy，stop，practiceなど。

17 前置詞

出る率

場所や時を表す前置詞

解答

次の絵に合うように，英文の(　　)内から適切な語を選びなさい。

・場所を表すおもな前置詞
at（～に）
on（～の上に）
in（～の中に）
by（～のそばに）

・時を表すおもな前置詞
at（～に）：時刻など
on（～に）：日付・曜日など
in（～に）：年・月・季節など

□ 1 A ball is (over / in / of) the box.

1 in

★ □ 2 There is a picture (at / on / in) the wall.

2 on

□ 3 A bag is (at / on / by) the bed.

3 by

□ 4 This girl gets up (at / on / in) seven.

4 at

そのほかの前置詞(手段，方法，道具など)

次の英文の____に適切な１語を入れなさい。

□ 5 メグと私は英語で話します。
Meg and I talk ____ English.

5 in

★ □ 6 彼らは飛行機で東京へ行きました。
They went to Tokyo ____ plane.

6 by
「(乗り物名)で」というときは乗り物名に冠詞《かんし》はつかない。

□ 7 私たちはスプーンを使ってスープを飲みます。
We eat soup ____ a spoon.

7 with

ぷちトク！ 場所を表す前置詞on

onは「～の上に」と訳すことが多いが，ものの表面に接していれば，上に限らず横でも下でもよい。

例 There is a fly on the ceiling. （天井《てんじょう》にハエがいます。）

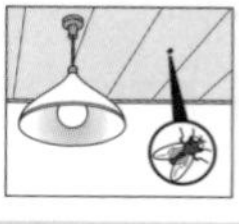

18 接続詞

出る率

and, but, or, so

次の英文の____にand, but, or, soから適切な語を選んで入れなさい。それぞれ1度しか使えません。

- □ 1 Mary ____ I are good friends.
- □ 2 I like to watch soccer, ____ I don't play it.
- ★ □ 3 Are you from Australia ____ America?
- □ 4 Taro didn't eat breakfast, ____ he's very hungry.

when, because, if, that

次の英文の下線部の意味を答えなさい。

- □ 5 I was watching TV when he called me.
- □ 6 Let's play soccer if you're free tomorrow.

次の英文の(　　)内の語句を並べかえなさい。

- □ 7 I (think / this movie / that) is interesting.
- ★ □ 8 Everyone likes her (kind / because / she's).

次の英文の____に適切な1語を入れなさい。

- □ 9 彼がサッカーが好きだと知っていますか。
  Do you know ____ ____ soccer?
- ★ □ 10 もし明日雨が降ったら，私は家にいます。
  ____ it ____ tomorrow, I'll stay at home.

解答

1 and

2 but

3 or

4 so
文の後半が前半の〈結果〉になっている。

5 彼が私に電話をしたとき

6 もし明日あなたが暇《ひま》なら

7 think that this movie

8 because she's kind

9 he likes
接続詞のthatは省略できる。

10 If，rains

ぷちトク！ if ～やwhen ～の中の動詞の形

if ～やwhen ～では，未来のことも現在形で表す。

例 We will go shopping if it is sunny tomorrow. (明日晴れたら，私たちは買い物に行くつもりです。)
（is：現在形）

19 比較①

出る率

比較級・最上級(-er, -est)

解答

次の(　　)内の語を適切な形に変えて____に入れなさい。

□ 1 Taro is ____ than his brother. (tall)

1 taller

□ 2 Our school is the ____ in our city. (old)

2 oldest

□ 3 This dog is the ____ of the three. (big)

3 biggest

★ □ 4 Ken gets up the ____ in his family. (early)

4 earliest
前にthe，あとに範囲《はんい》を表す語句がある。

比較級・最上級(more ～, most ～)

次の英文の____に適切な１語を入れなさい。

□ 5 私にとって理科は数学よりもおもしろいです。
Science is ____ interesting ____ math to me.

5 more，than

□ 6 この絵はすべての中でいちばん美しいです。
This picture is the ____ ____ ____ all.

6 most beautiful of

★ □ 7 彼女は日本でいちばん有名な歌手の１人です。
She is one of the ____ ____ singers ____ Japan.

7 most famous，in
〈the＋最上級＋名詞〉＝「いちばん～な…」

次の(　　)内の指示に従った英文に書きかえるとき，____に適切な１語を入れなさい。

□ 8 This song is popular in my class. (最上級の文に)
This song is ____ ____ ____ in my class.

8 the most popular
「私のクラスでいちばん～」という意味の文になる。

★ □ 9 This book is easier than that one.
(ほぼ同じ内容の文に)
That book is ____ ____ than this one.

9 more difficult
書きかえる文では主語とthan以下が入れかわっていることに注意。

ぷちトク！ inとofの法則

最上級の文で「～の中で」というとき，inとofを使い分ける。

〈in＋範囲《はんい》・場所〉 例 in my family, in the class, in Japan

〈of＋数・複数名詞〉 例 of the five, of all seasons, of all

20 比較②

出る率

as ～ as ...

次の英文の＿＿に適切な１語を入れなさい。

☐ 1 彼女の髪《かみ》は私の髪と同じくらいの長さです。
Her hair is ＿＿ ＿＿ ＿＿ mine.

★ ☐ 2 私はミサキほど上手に踊《おど》れません。
I ＿＿ dance ＿＿ ＿＿ as Misaki.

次の英文の(　　)内の語を並べかえなさい。

★ ☐ 3 タクミはヨシキと同じくらい速く走ります。
Takumi (runs / fast / as) as Yoshiki.

☐ 4 この店はあの店ほど人気がありません。
This shop is (popular / as / not / as) that one.

better・best

次の英文の下線部の意味を答えなさい。

☐ 5 I like dogs the best of all animals.

☐ 6 This book is better than that one.

次の英文の＿＿に適切な１語を入れなさい。

☐ 7 私はご飯よりもパンが好きです。
I ＿＿ bread ＿＿ ＿＿ rice.

★ ☐ 8 カナはチームの中でテニスがいちばん上手です。
Kana plays tennis ＿＿ ＿＿ on the team.

解答

・as ～ as ...「…と同じくらい～」

1 as long as
as ～ as ... の〈～〉は形容詞・副詞のもとの形。

2 cannot[can't]，as well
not as ～ as ...
「…ほど～ない」

3 runs as fast

4 not as popular as

・good / well － better － best

5 犬がいちばん好きだ

6 あの本[あちらの]よりもよい

7 like，better than

8 the best
well「上手な」の最上級を使った文。

ぷちトク！ as ～ as ...の否定文の書きかえ

as ～ as ...の否定文は比較級の文を使って書きかえることができる。

例 Ken is not as tall as Taro.（ケンはタロウほど背が高くありません。）
Ken is shorter than Taro. / Taro is taller than Ken.

21 比較③

出る率

疑問詞で始まる比較の文

解答

次の英文の____に適切な1語を入れなさい。

□ **1** この車とあの車ではどちらのほうが新しいですか。
____ is ____, this car ____ that one?

1 Which, newer, or

★□ **2** あなたは春と秋ではどちらがより好きですか。
— 私は秋のほうが好きです。
____ do you like ____, spring ____ fall?
— I like fall ____.

2 Which, better, or, better

□ **3** チームの中でだれがいちばん一生懸命《けんめい》練習しますか。— ケイです。
____ practices the ____ ____ the team?
— Kei ____.

3 Who, hardest on[in], does
「もの」ではなく,「人」についてたずねている。

いろいろな比較の文

次の英文の下線部の意味を答えなさい。

□ **4** He is <u>one of the best players</u> in my city.

4 もっとも優《すぐ》れた選手の1人

★□ **5** You should read <u>as many books as you can</u>.

5 できるだけたくさんの本
as ~ as ... can
「できるだけ~」

次の2つの英文がほぼ同じ意味になるように,
____に適切な1語を入れなさい。

□ **6** Miki is the kindest girl in my class.
Miki is ____ than ____ ____ ____ in my class.

6 kinder, any other girl
〈比較級+than any other+単数名詞〉=「ほかのどんな…より~」

ぷちトク! likeとbetter・best

「どちらがより好きか」「どれ〔何〕がいちばん好きか」は基本の形を覚えておく。

例 Which do you like better, A or B? ←AとBではどちらがより好き?
Which〔What〕 do you like (the) best? ←どれ〔何〕がいちばん好き?

22 いろいろな文の構造

出る率

〈主語＋動詞＋目的語＋目的語〉 SVOO

解答

・動詞はgive，show，buy，makeなど。

次の英文の(　　)内の語句を並べかえなさい。

- □ 1 I (a book / gave / him).
  - 1 gave him a book
- □ 2 My father (me / a new bike / bought).
  - 2 bought me a new bike
- □ 3 He (her / showed / a picture).
  - 3 showed her a picture

次の各組の英文がほぼ同じ意味になるように，____に適切な１語を入れなさい。

- □ 4 I bought her a pretty bag.
  I bought a pretty bag ____ her.
  - 4 for
- ★ □ 5 She gave him her books.
  She gave her books ____ him.
  - 5 to

〈主語＋動詞＋目的語＋補語〉 SVOC

・動詞はmake，call，nameなど。

次の英文の下線部の意味を答えなさい。

- □ 6 This song made her famous.
  - 6 彼女を有名にした
- □ 7 They named him Satoshi.
  - 7 彼をサトシと名づけた
- ★ □ 8 We call her Eri.
  - 8 彼女をエリと呼ぶ

次の英文の(　　)内の語句を並べかえなさい。

- □ 9 They (their dog / Pochi / named).
  - 9 named their dog Pochi
- □ 10 I (Ken / call / my brother).
  - 10 call my brother Ken
- ★ □ 11 This song (me / happy / makes).
  - 11 makes me happy

ぷちトク！ 〈主語＋動詞＋目的語＋目的語〉の文の書きかえ

giveやtellなどはtoを，buyやmakeなどはforを使って書きかえられる。

例 She told us the news. → She told the news to us.

（us＝人，the news＝もの／the news＝もの，us＝人）

23 受け身

出る率

受け身

次の英文の(　　)内から適切な語を選びなさい。

- ★ □ 1 The store is (closed / close) at seven.
- □ 2 This song (wasn't / didn't) written by her.
- □ 3 The students are (cleaning / cleaned) the classroom.
- □ 4 (Is / Was / Did) the tower built last year?

次の英文の____に適切な１語を入れなさい。

- □ 5 田中先生は生徒たちに好かれています。
  Mr. Tanaka ____ ____ ____ the students.
- ★ □ 6 これらの写真は沖縄で撮《と》られましたか。
  ― はい，そうです。
  ____ these pictures ____ in Okinawa?
  ― Yes, ____ ____.

次の英文を受け身の文に書きかえるとき，____に適切な１語を入れなさい。

- □ 7 We can see a lot of stars from here.
  A lot of stars can be ____ from here.
- ★ □ 8 My friends call me Saya.
  I ____ ____ Saya by my friends.

解答

・〈be動詞＋過去分詞〉

1 closed

2 wasn't

3 cleaning
動作をする人が主語の文。

4 Was
疑問文はbe動詞を主語の前に置く。

5 is liked by

6 Were，taken，they were
主語が複数で過去の文。受け身の疑問文にはbe動詞を使って答える。

7 seen
see「見る」の過去分詞を入れる。

8 am called
SVOCの受け身の文は〈主語＋be動詞＋過去分詞＋C(補語)〉の語順。

ぷちトク！ by以外の前置詞を使う受け身の例

be covered with ～「～におおわれている」，be known to ～「～に知られている」，be made of ～「～〔材料〕でつくられる」，be made from ～「～〔原料〕からつくられる」，be surprised at ～「～に驚《おどろ》く」

24 現在完了①

出る率

現在完了の肯定文

次の英文の下線部の意味を答えなさい。

★ □ 1 My mother has just come home.

□ 2 Daigo has lived in this town for five years.

□ 3 I have visited the museum many times.

□ 4 It has been raining since this morning.

次の英文の____に適切な1語を入れなさい。

★ □ 5 姉と私はすでに昼食をつくりました。
My sister and I ____ already ____ lunch.

□ 6 私はハワイに1度行ったことがあります。
I ____ ____ to Hawaii once.

次の英文を(　　)内の語句を使って現在完了の文に書きかえるとき，____に適切な1語を入れなさい。

★ □ 7 We are good friends. (for ten years)
We ____ ____ good friends for ten years.

★ □ 8 She saw the movie. (three times)
She ____ ____ the movie three times.

□ 9 Kento did his homework. (already)
Kento ____ already ____ his homework.

□ 10 I am watching TV. (since 7 p.m.)
I ____ ____ ____ TV since 7 p.m.

解答

・〈have[has]＋過去分詞〉

1 ちょうど帰宅したところだ

2 この町に(ずっと)住んでいる

3 その博物館[美術館]を訪《おとず》れたことがある

4 ずっと雨が降っている

5 have，made[cooked]

6 have been
have goneとすると，「行ってしまって今ここにいない」の意味になる。

7 have been
be動詞の文なので，be動詞の過去分詞を入れる。

8 has seen

9 has，done

10 have been watching

ぷちトク！ 継続用法のforとsince

〈for＋期間を表す語句〉と〈since＋過去のある時点を表す語句〉で使い分ける。

例 for five years「5年間」，since last year「昨年から」，
since 2020「2020年から」，since I was a child「私が子どものころから」

25 現在完了②

出る率

現在完了の否定文・疑問文

次の英文の＿＿に適切な語をあとから選んで入れなさい。ただし，同じ語は２回使わないこと。

- ☐ 1 I haven't done my homework ＿＿.
- ★ ☐ 2 Has Mike been in Japan ＿＿ 2015?
- ☐ 3 I have ＿＿ heard such a story.

〔 never　yet　since　ever 〕

次の英文の（　　）内の語を並べかえなさい。文頭の語も小文字になっています。

- ☐ 4 私は昨年から彼に会っていません。
  I (him / have / seen / not) since last year.
- ★ ☐ 5 あなたはもう朝食を食べましたか。
  Have you (yet / breakfast / had)?
- ☐ 6 彼は10時からずっとサッカーをしていますか。
  (been / soccer / has / he / playing) since 10 o'clock?

次の（　　）内の指示に従った英文に書きかえるとき，＿＿に適切な１語を入れなさい。

- ★ ☐ 7 They have known each other for ten years.
  （下線部をたずねる文に）
  How ＿＿ ＿＿ they ＿＿ each other?
- ☐ 8 The bus has left.（「まだ～ない」という文に）
  The bus ＿＿ left ＿＿.

解答

1 yet

2 since

3 never

4 have not seen him

5 had breakfast yet

6 Has he been playing soccer
Hasを主語heの前に置く。

7 long have，known
for ～は期間の長さを表す。

8 hasn't，yet
解答欄《らん》が1つなので，短縮形を用いる。

ぷちトク！ have been toの２つの意味

「行ったことがある(経験)」と「行ってきたところだ(完了)」の意味がある。

例 I have been to Canada once. ←カナダへ1度行ったことがある。

I have (just) been to the library. ←(ちょうど)図書館へ行ってきたところだ。

26 分詞

出る率

名詞を修飾する現在分詞と過去分詞

次の英文の下線部の意味を答えなさい。

- □ 1 Do you know <u>the boy talking with her</u>?
- □ 2 I bought a TV <u>made in Japan</u>.
- ★ □ 3 Look at <u>that sleeping cat</u>.

次の英文の(　　)内から適切な語を選びなさい。

- □ 4 Who is the man (riding / ride) the bike?
- □ 5 She has a friend (calling / called) Jin.
- □ 6 Is this (broken / breaking) cup yours?

次の英文の(　　)内の語句を並べかえなさい。

- □ 7 I have (living / in / a friend) Canada.
- □ 8 That (playing / girl / the piano) is Ai.
- ★ □ 9 This is (by / the house / built) Mr. Oka.

次の英文の＿＿に適切な1語を入れなさい。

- □ 10 私は英語で書かれた本を読みました。
  I read a book ＿＿ in English.
- □ 11 あなたの国で話されている言語は何ですか。
  What is the language ＿＿ in your country?
- ★ □ 12 あなたは公園で走っている犬が見えますか。
  Can you see the dog ＿＿ in the park?

解答

1 彼女と話している男の子

2 日本製の[日本でつくられた]

3 あの眠っているネコ
名詞catの前に単独で現在分詞sleepingがある。

4 riding

5 called

6 broken

・まず名詞と分詞を探す。

7 a friend living in

8 girl playing the piano

9 the house built by

10 written

11 spoken

12 running

ぷちトク! 分詞と名詞の位置

分詞が単独のときは〈分詞＋名詞〉，ほかの語句をともなうときは〈名詞＋分詞＋語句〉。

例 Look at that singing girl.　　Look at that girl singing over there.

（現在分詞＋名詞）　　（名詞＋現在分詞＋語句）

27 関係代名詞①

出る率

主格の関係代名詞

解答

次の英文の(　　)内から適切な語を選びなさい。

☆ □ **1** Mai is a girl (which / who) likes reading.

1 who

□ **2** I have a friend that (comes / come) from India.

2 comes
先行詞a friendは3人称単数。

□ **3** Is that a bus (who / which) goes to the station?

3 which

次の英文の＿＿に適切な関係代名詞を入れなさい。
ただし，thatは使わないこと。

□ **4** ドアのそばにあるあの帽《ぼう》子《し》は私のものです。
That cap ＿＿ is by the door is mine.

4 which

☆ □ **5** サトシは熱心に勉強する生徒です。
Satoshi is a student ＿＿ studies hard.

5 who

次の英文の(　　)内の語句を並べかえなさい。

□ **6** 彼はとても速く走る車を買いました。
He bought (runs / that / a car) very fast.

6 a car that runs

□ **7** 私は踊《おど》っているあの女の子たちを知っています。
I know (are / those girls / who) dancing.

7 those girls who are

☆ □ **8** これらは母がつくってくれたバッグです。
These are (which / the bags / made / were) by my mother.

8 the bags which were made

ぷちトク! 先行詞と動詞の形

関係代名詞に続く動詞の形は先行詞に合わせる。

例 I know [a boy] who likes soccer. (私はサッカーが好きな男の子を知っています。)

先行詞a boyは3人称単数

28 関係代名詞②

出る率

目的格の関係代名詞

次の英文の下線部の意味を答えなさい。

- ★ □ 1 The movie that I saw yesterday was good.
- □ 2 Jiro is a boy that everyone likes.
- □ 3 Are these the pictures you took in Kyoto?

次の英文の（　　）内から適切な語を選びなさい。

- □ 4 The girl (that / which) I saw yesterday is Mari.
- □ 5 This is a song (which / who) many people like.

次の英文の（　　）内の語を並べかえなさい。

- □ 6 She is the singer (like / that / I) the best.
- ★ □ 7 This is (book / I / best / that / the) have ever read.

次の各組の英文がほぼ同じ意味になるように，＿＿に適切な１語を入れなさい。

- ★ □ 8 I like the picture painted by Aya.
  I like the picture ＿＿ ＿＿.
- □ 9 This is the bike. I use it every day.
  This is the bike ＿＿ I ＿＿ every day.

解答

1 私が昨日見た映画

2 みんなが好きな男の子

3 あなたが撮《と》った写真

4 that

5 which

6 that I like

7 the best book that I
先行詞に形容詞の最上級がつく場合，thatを用いることが多い。

8 Aya painted
「アヤによってかかれた絵」
→「アヤがかいた絵」

9 which[that]，use
2文目のitはthe bikeを指している。

ぷちトク！ 目的格の関係代名詞の省略

目的格の関係代名詞は省略することができる。

例 Kyoto is a city that[which] many people visit.

↑ 省略可

（京都は多くの人が訪《おとず》れる都市です。）

29 間接疑問・感嘆文

出る率

間接疑問

解答

次の英文の下線部の意味を答えなさい。

★ □ 1 Please tell me what it is.

1 それが何であるか

□ 2 I want to know when the game will start.

2 その試合がいつ始まるか

□ 3 Do you know whose book this is?

3 これがだれの本か

次の英文の____に適切な1語を入れなさい。

★ □ 4 私は彼女がどこに住んでいるか知りません。
I don't know ____ ____ ____.

4 where she lives

□ 5 あなたがどうやってここへ来たか教えてください。
Please tell me ____ ____ ____ here.

5 how you came[got]

次の英文の(　　)内の語を並べかえなさい。

□ 6 I know (you / where / went) yesterday.

6 where you went

□ 7 I want to know when (was / she / born).

7 she was born
be born「うまれる」

感嘆文

次の英文の____に適切な1語を入れなさい。

★ □ 8 なんて美しいのでしょう。
____ beautiful!

8 How
〈How＋形容詞[副詞]!〉

□ 9 なんて高い木なのでしょう。
____ ____ tall tree!

9 What a
〈What a[an]＋形容詞＋名詞!〉

ぷちトク! 間接疑問の語順

疑問詞が主語のとき，間接疑問は〈疑問詞＋動詞～〉の語順になる。

例 Who made this dish?　Do you know that?

→ Do you know who made this dish?
疑問文と同じ語順

30 仮定法・会話表現

出る率

仮定法

次の英文の____に適切な１語を入れなさい。

□ 1 もし私が暇《ひま》なら，彼と買い物に行くのに。
If I ____ free, I ____ go shopping with him.

★ □ 2 もし私が医者ならなあ。
I ____ I ____ a doctor.

会話表現

次の英文に対する返答としてもっとも適切なものを，あとのア～オから選びなさい。ただし，同じ記号は２回使わないこと。

□ 3 How can I get to Nishi Park?（　　）

★ □ 4 May I speak to Susan?（　　）

□ 5 Would you like another cup of tea?（　　）

★ □ 6 Why don't you go shopping with me?（　　）

□ 7 May I help you?（　　）

ア　No, thank you. I've had enough.
イ　Yes, please. I'm looking for a coat.
ウ　That's a good idea.
エ　Go down this street for about ten minutes.
オ　Sorry, she's out.

解答

1 were，would
〈If＋主語＋were ～，主語＋would＋動詞の原形 ....〉

2 wish，were
〈I wish＋主語＋were ～.〉

3 エ

4 オ

5 ア

6 ウ

7 イ
How can I get to ～?
「～へはどうやって行けますか」
Would you like ～?
「～はいかがですか」
Why don't you ～?
「～してはどうですか」

ぷちトク！ 仮定法のif節のwere

仮定法のif節の中のbe動詞は，主語にかかわらずwereが使われることが多い。

例 If I were a bird, I could fly.　　※会話ではwasを使うこともある。
wasではなくwere

If Ms. Ito were here, I would ask her a question.

ぷち まとめ

語形変化の確認

◎ 不規則動詞の変化を覚えよう

原形	過去形	過去分詞	原形	過去形	過去分詞
cut(切る)	cut	cut	read[rí:d]《リード》(読む)	read[réd]《レッド》	read[réd]《レッド》
come(来る)	came	come	run(走る)	ran	run
bring(持ってくる)	brought	brought	buy(買う)	bought	bought
catch(捕《つか》まえる)	caught	caught	have(持っている)	had	had
make(つくる)	made	made	teach(教える)	taught	taught
tell(話す)	told	told	think(考える)	thought	thought
be(～である)	was / were	been	begin(始める)	began	begun
break(壊《こわ》す)	broke	broken	do(する)	did	done
draw(描《えが》く)	drew	drawn	eat(食べる)	ate	eaten
fall(落ちる)	fell	fallen	give(あたえる)	gave	given
go(行く)	went	gone	know(知っている)	knew	known
see(見る)	saw	seen	speak(話す)	spoke	spoken
take(取る)	took	taken	write(書く)	wrote	written

◎ 形容詞・副詞の変化(不規則変化する語)を覚えよう

原級	比較級	最上級	原級	比較級	最上級
good(よい)	better	best	many(〈数が〉多くの)	more	most
well(上手に)	better	best	much(多量の)	more	most
bad(悪い)	worse	worst	little(少量の)	less	least

◎ 名詞の複数形(単数と複数で形がまったく変わる語)を覚えよう

単数	複数	単数	複数
man(男性)	men	foot(足)	feet
woman(女性)	women	tooth(歯)	teeth
child(子ども)	children		

JAPANESE

国語

1 漢字の読み① 一字の漢字

出る率

漢字の訓読み

次の下線部の漢字の読みを答えなさい。

- □ 1 新薬の研究に腰《こし》を据えて取り組む。
- □ 2 卒業式が厳かに行われた。
- □ 3 あまりの暑さに額《ひたい》から汗が噴く。
- ★ □ 4 地面が落ち葉に覆われる。
- □ 5 選挙の記事に紙面を割く。
- □ 6 結末は鑑賞者《かんしょうしゃ》の想像に委ねられている。
- □ 7 ハンカチで口元を拭う。
- □ 8 作品にくふうを凝らす。
- □ 9 仕事で健康を損なう。
- □ 10 車窓から景色を眺める。
- □ 11 長い時間を費やす。
- □ 12 穏やかな天気が続く。
- ★ □ 13 緩やかな坂道を上る。
- □ 14 自分を戒める。
- □ 15 彼は何か企てているようだ。
- □ 16 植物で日光を遮る。
- ★ □ 17 仕事が滞る。
- □ 18 わが子を諭す。

解答

1 す
2 おごそ 「厳粛《げんしゅく》」の意味。
3 ふ
4 おお
5 さ
6 ゆだ 「委任」の意味。
7 ぬぐ
8 こ
9 そこ 「損害」の意味。
10 なが
11 つい 「消費」の意味。
12 おだ
13 ゆる
14 いまし
15 くわだ
16 さえぎ 「遮断《しゃだん》」の意味。
17 とどこお
18 さと

ぷちトク！ 複数の訓読みがある漢字

和む（なごむ）・和らぐ（やわらぐ）　優れる（すぐれる）・優しい（やさしい）
潜む（ひそむ）・潜る（もぐる）　訪れる（おとずれる）・訪ねる（たずねる）

2 漢字の読み② 熟語

出る率

熟語の読み

次の下線部の漢字の読みを答えなさい。

- □ 1 彼女は謙虚な人だ。
- □ 2 暫時休憩《きゅうけい》にしよう。
- □ 3 全作品を網羅する。
- □ 4 以前のやり方を踏襲する。
- ★ □ 5 トラブルが頻繁に発生する。
- □ 6 ちらしを駅前で頒布する。
- □ 7 魚のうま味が凝縮したスープ。
- □ 8 かくし芸を披露する。
- □ 9 平衡感覚を鍛《きた》える。
- □ 10 社会に警鐘を鳴らす。
- □ 11 示唆に富んだ話を聞く。
- ★ □ 12 現状を把握する。
- □ 13 事件について詮索する。
- □ 14 活動に奨励金を出す。
- ★ □ 15 研究を委嘱する。
- □ 16 一部の企《き》業《ぎょう》の寡占状態が続く。
- □ 17 ピアノの旋律が聞こえる。
- □ 18 和洋折衷の家を建てる。

解答

1 けんきょ
2 ざんじ　しばらくの間。
3 もうら
4 とうしゅう
5 ひんぱん
6 はんぷ　広く配る。
7 ぎょうしゅく
8 ひろう
9 へいこう
10 けいしょう
11 しさ
12 はあく　しっかりつかむ。
13 せんさく
14 しょうれい
15 いしょく　たのむ。
16 かせん
17 せんりつ
18 せっちゅう

ぷちトク！ 複数の音読みがある漢字

重宝（ちょうほう）・重視（じゅうし）　口座（こうざ）・口調（くちょう）
率先（そっせん）・能率（のうりつ）　体育（たいいく）・体裁（ていさい）

3 漢字の書き取り① 一字の漢字

出る率

訓読みの書き取り

次の下線部のカタカナを漢字に直しなさい。

- □ 1 判断をアヤマる。
- □ 2 山頂の新鮮《しんせん》な空気をスう。
- □ 3 ほめられてテれる。
- □ 4 庭のトマトが赤みをオびる。
- □ 5 コース上に給水所をモウける。
- ★ □ 6 朝の光をアびる。
- □ 7 ケワしい山に登る。
- □ 8 母の言いつけにサカらう。
- □ 9 後ろスガタを見送る。
- □ 10 庭に雪がツもる。
- ★ □ 11 アリが砂糖にムラがる。
- □ 12 相手の意見に異をトナえる。
- □ 13 会社をイトナむ。
- □ 14 手荷物を受付でアズける。
- □ 15 料理の手間をハブく。
- □ 16 友達の名前をヨぶ。
- ★ □ 17 母から手紙がトドく。
- □ 18 布を青くソめる。

解答

1 誤

2 吸　くちへんの漢字。

3 照

4 帯

5 設　「せっち」と同義。

6 浴

7 険

8 逆

9 姿

10 積

11 群

12 唱

13 営　「⺍」の向きに注意。

14 預

15 省　「除く」ではない。

16 呼

17 届

18 染

ぷちトク！ 同じ部分をもつ漢字

形が似ている漢字は本番で書きまちがえやすいので，チェックしておく。

例 快い⇔決める，低い⇔底，待つ⇔持つ⇔特，巻く⇔券

4 漢字の書き取り② 熟語

出る率

熟語の書き取り

解答

次の下線部のカタカナを漢字に直しなさい。

問題	解答
★ □ 1 メンミツな計画を立てる。	1 綿密
□ 2 相手の話のイトを見抜《みぬ》く。	2 意図
□ 3 未来へのテンボウを語る。	3 展望 左はらいに注意。
□ 4 ハチクの勢い。	4 破竹
□ 5 山をハイケイに写真を撮《と》る。	5 背景
□ 6 絶滅《ぜつめつ》のキキにある動物を保護する。	6 危機
□ 7 道路のカクチョウ工事が行われる。	7 拡張 ⇔縮小
□ 8 キチョウ品を保管する。	8 貴重
★ □ 9 高地は昼夜でカンダンの差が激しい。	9 寒暖
□ 10 父とのヤクソクを守る。	10 約束
□ 11 雑誌のセンゾクモデルになる。	11 専属 点の有無《うむ》に注意。
□ 12 事件のコンカンに迫《せま》る。	12 根幹
□ 13 話をカンケツにまとめる。	13 簡潔
★ □ 14 高原をサンサクする。	14 散策
□ 15 ウチュウ旅行を夢見る。	15 宇宙
□ 16 情報をテイキョウする。	16 提供
□ 17 弟のわがままにヘイコウする。	17 閉口 困ること。
□ 18 災害からフッコウする。	18 復興

ぷちトク! 書きまちがえやすい漢字

① 点の向きに注意→ 学／当　② ネかネかに注意→ 祝／初

③ 横棒の有無に注意→ 場／易　④ 旦か且かに注意→ 担／祖

5 同じ読みをもつ漢字① 同訓異字

出る率

同じ訓読みの漢字

次の下線部のカタカナを漢字に直しなさい。

★ □ **1** ① キャプテンの候補に三人の名前がアがる。
② エレベーターがアがる。

□ **2** ① はっと気がツく。
② 目的地にツく。

□ **3** ① 予想外の事態にソナえる。
② 仏前にお花をソナえる。

★ □ **4** ① 問題の解決にツトめる。
② 会社にツトめる。

次の下線部のカタカナにあてはまる漢字を，それぞれ選びなさい。

□ **5** 山の標高をハカる。
〔図　計　量　測〕

□ **6** 学級会で多数決で決をトる。
〔取　撮　採　捕〕

□ **7** 友達が消息をタつ。
〔建　断　絶　裁〕

□ **8** 香水《こうすい》の匂《にお》いが鼻をサす。
〔刺　差　挿　指〕

★ □ **9** 大学で政治学をオサめる。
〔治　修　納　収〕

解答

1 ① 挙　② 上

2 ① 付　② 着

3 ① 備　② 供

4 ① 努　② 勤
①ド力《りょく》，②キン労の熟語から正しい漢字を考える。

5 測

6 採
「サイ決」の「サイ」の字。

7 絶

8 刺

9 修
「統治」「修学」「納税」「収入」などの熟語を思い浮《う》かべて考える。

ぷちトク！ 同訓異字の見分け方

① それぞれの漢字を使った熟語を思い浮かべてみる。

② 問題文の意味に合う熟語をつくることができる漢字を選ぶ。

例 父のアラワした本。→「著書」などの熟語から「著す」を選ぶ。

6 同じ読みをもつ漢字② 同音異義語

出る率

同じ読み方の熟語

次の下線部のカタカナを漢字に直しなさい。

□ **1** ① ソウゾウどおりの品物。
② 天地ソウゾウの神話。

★ □ **2** ① 今の演奏はカイシンのできだ。
② 悪人がカイシンする。

★ □ **3** ① 受け入れタイセイを整える。
② 賛成意見がタイセイをしめた。

□ **4** ① 姉と私はタイショウ的な性格だ。
② 左右タイショウにつくられた庭園。
③ 中学三年生タイショウの参考書。

次の下線部のカタカナにあてはまる漢字を，それぞれ選びなさい。

□ **5** 世間の注意をカンキする。
〔歓喜　喚起　換気〕

★ □ **6** 一般《いっぱん》にフキュウする。
〔不朽　不休　普及〕

□ **7** 提案にイギを唱える。
〔意義　異義　異議〕

□ **8** 引退試合で最後のユウシを見せる。
〔有史　有志　勇姿〕

□ **9** 商品の品質をホショウする。
〔補償　保証　保障〕

解答

1 ① 想像
② 創造

2 ① 会心
② 改心

3 ① 態勢
② 大勢

4 ① 対照
② 対称
③ 対象

5 喚起
「よびおこす」という意味。

6 普及

7 異議

8 勇姿

9 保証
「損害補償」「保証書」「安全保障条約」などと使う。

ぷちトク！ 同音異義語の見分け方

① それぞれの熟語を使った短文をつくって意味のちがいを考えてみる。

② 問題文の意味に合う語を選ぶ。

※熟語を1字ずつ訓読みにして，意味を考えてみるのもよい。

7 部首・画数

出る率

部首

次の楷書《かいしょ》で書いた漢字に共通する部首名を答えなさい。

□ 1 座　康　度

□ 2 点　無　熱

□ 3 犯　独　狂

□ 4 都　部　郷

次の下線部の漢字と同じ偏《へん》をもつ漢字を行書で書いたものをそれぞれ選びなさい。

□ 5 <u>杉</u>　牧　核　経　講

□ 6 <u>沈</u>　話　次　抱　注

□ 7 <u>程</u>　推　績　移　知

★□ 8 <u>神</u>　録　札　折　社

画数

★□ 9 次の行書で書いた漢字を楷書で書いた場合に，「園」と同じ画数になるものはどれか。

幹　道　証　億

□ 10 次の行書で書いた漢字を楷書で書いた場合に，総画数がもっとも多くなるものを選びなさい。

給　間　腹　鋼

解答

1 まだれ

2 れっか［れんが］

3 けものへん

4 おおざと
「防」（こざとへん）などとのちがいに注意。

5 核

6 注

7 移

8 社

9 幹
総画数が13画になるものを選ぶ。

10 鋼

ぷちトク！ 注意したい部首の画数

画数をまちがえやすい部首の漢字は，注意して覚えておく。

例「阝」→3画　「辶・廴」→3画　「癶」→5画　「糸」→6画

8 熟語の構成

出る率

熟語の構成

次の下線部の熟語と，構成（組み立て）が同じものを選びなさい。

□ 1 生産 〔誤読　延期　繁栄《はんえい》　否決〕

□ 2 往復 〔最後　苦楽　委任　年長〕

□ 3 地震《じしん》 〔再会　停電　公私　人造〕

□ 4 決意 〔断続　机上《きじょう》　就職　腹痛〕

□ 5 不満 〔草木　損得　開会　無視〕

★ □ 6 善行 〔難易　指名　清潔　室内〕

□ 7 消化 〔道路　良性　移住　納税〕

熟語の構成が同じものの組み合わせを選びなさい。

★ □ 8 ア 血管―希望　イ 遅刻《ちこく》―登山　ウ 貧富《ひんぷ》―必要　エ 博愛―永久

□ 9 ア 不利―発着　イ 強硬《きょうこう》―昇降《しょうこう》　ウ 増収―市営　エ 曲線―多量

★ □ 10 ア 報告書―想像力　イ 新記録―非常口　ウ 私有地―衣食住　エ 人間性―無関心

□ 11 ア 大興奮―近代化　イ 小規模―国際的　ウ 未完成―不可能　エ 開幕戦―食生活

□ 12 ア 図書館―再開発　イ 安全性―名選手　ウ 不自然―深海魚　エ 上中下―市町村

解答

1 繁栄

2 苦楽

3 人造

4 就職

5 無視

6 室内

7 良性
意味をそえたり強めたりする接尾語《せつびご》がつくもの。

8 イ
後ろの漢字から前の漢字に戻《もど》って読めるもの。

9 エ

10 ア
前の2字とあとの1字に分けられるもの。

11 ウ
前の1字とあとの2字に分けられるもの。

12 エ

ぷちトク！ 熟語の構成を見分けるコツ

① 熟語の意味を考える。

② それぞれの文字を訓読みにして，つながり方を判断する。

9 四字熟語

出る率

四字熟語

解答

次の意味の四字熟語を，あとから選びなさい。

★ □ **1** 多くの人が同じような意見を言うこと。

□ **2** 他人を気にせず勝手にふるまうさま。

□ **3** わずかな時間。

□ **4** ものごとを大げさに言うこと。

□ **5** 一定の主張がなく人の意見に同調すること。

□ **6** その場にあった適切な処置をすること。

□ **7** 試みと失敗を重ねて目的に近づくこと。

〔 付《ふ》和《わ》雷同《らいどう》　試《し》行錯《こうさく》誤《ご》　臨機応変
異口同音　傍若《ぼうじゃく》無《ぶ》人《じん》　針小棒大
一朝一夕《いっちょういっせき》 〕

1 異口同音
2 傍若無人
3 一朝一夕
4 針小棒大
5 付和雷同
6 臨機応変
7 試行錯誤

次の(　)に入る漢字を答えなさい。

□ **8** 彼女は，(a《たん》)刀《とう》(b《ちょく》)入《にゅう》にたずねた。

□ **9** 自分の都合を優先した，我《が》(a《でん》)引《いん》(b《すい》)な行動はよくない。

□ **10** 友達を裏切るとは，言《ごん》(a《ご》)道《どう》(b《だん》)だ。

□ **11** 兄は，母の小言に対して(a《ば》)耳《じ》(b《とう》)風《ふう》だ。

□ **12** 彼は，(a《じゅん》)風《ぷう》(b《まん》)帆《ぱん》な人生を歩んでいる。

★ □ **13** 試合に敗れて(a《い》)気《き》(b《しょう》)沈《ちん》した友達を励《はげ》ます。

8 a 単　b 直
9 a 田　b 水
10 a 語　b 断
11 a 馬　b 東
12 a 順　b 満
13 a 意　b 消
元気をなくすこと。

ぷちトク！ 書きまちがえやすい四字熟語

×絶対絶命 → ○絶体絶命　　×新規一転 → ○心機一転
×五里夢中 → ○五《ご》里《り》霧《む》中《ちゅう》　　×起死改生 → ○起死回生

10 慣用句

出る率

慣用句の意味

それぞれの意味になるように，次の(　　)に入る体の一部を表す語を答えなさい。

- ★ □ 1 ひどく驚《おどろ》く，感心する…(　　)を巻く
- □ 2 軽薄《けいはく》な言動に不快になる…(　　)が浮《う》く
- □ 3 指摘《してき》されて辛《つら》くなる…(　　)が痛い
- □ 4 対応に困る…(　　)を焼く
- □ 5 歩けないほど疲《つか》れる…(　　)が棒になる
- □ 6 得意げである…(　　)が高い
- □ 7 安心する…(　　)をなで下ろす

解答

1. 舌　驚いて声が出ないこと。
2. 歯
3. 耳　聞くのが辛いこと。
4. 手　もてあますこと。
5. 足
6. 鼻
7. 胸

慣用句の使い方

次の(　　)にあてはまる慣用句を，あとから選びなさい。

- ★ □ 8 昔のけんかを(　　)。
- □ 9 道に迷って(　　)。
- □ 10 彼とは(　　)ので，話していて楽しい。
- □ 11 一点差で(　　)結果となった。
- □ 12 そんな言い方をしては(　　)よ。
- ★ □ 13 彼の失敗の(　　)のはさけたい。

［ 角が立つ　途方《とほう》に暮れる　水に流す
涙《なみだ》をのむ　二の舞《まい》を演じる　馬が合う ］

解答

8. 水に流す
9. 途方に暮れる
10. 馬が合う
11. 涙をのむ
12. 角が立つ
13. 二の舞を演じる
前の人の失敗を繰《く》り返すこと。

ぷちトク! これも覚えておきたい慣用句

- 的を射る…的確に要点をつかむ。
- 気が置けない…気遣《きづか》いがいらない。「気を抜《ぬ》けない」という意味ではない。

11 故事成語・ことわざ

出る率

故事成語

次の意味を表す故事成語を，あとから選びなさい。

- □ **1** 人生の幸，不幸は予測不能である。
- □ **2** 本質的には差がないこと。
- □ **3** 取《と》り越《こ》し苦労。
- □ **4** 余計な行い。
- ★ □ **5** 仲の悪い者が同じ場所に居合わせる。
- □ **6** 二者の争いで第三者が利益を独占《どくせん》する。

［ 五十歩百歩　蛇足《だそく》　漁夫《ぎょふ》の利　呉越同舟《ごえつどうしゅう》　杞憂《きゆう》　塞翁《さいおう》が馬 ］

解答

- **1** 塞翁が馬
- **2** 五十歩百歩
- **3** 杞憂
- **4** 蛇足
- **5** 呉越同舟
- **6** 漁夫の利
  ハマグリとシギが争う間に漁師に捕《と》らえられた故事から。

ことわざ

似た意味のことわざになるように，（　）にあてはまることばを答えなさい。

- ★ □ **7** 待てば海路の日和《ひより》あり＝（　　）は寝《ね》て待て
- □ **8** 泣き面《つら》にはち＝（　　）にたたり目
- □ **9** 紺屋《こうや》の白袴《しろばかま》＝（　　）の不養生《ふようじょう》
- □ **10** 暖簾《のれん》に腕押《うでお》し＝ぬかに（ a ）＝（ b ）にかすがい
- □ **11** 猿《さる》も木から落ちる＝河童《かっぱ》の（ a ）流れ＝弘法《こうぼう》にも（ b ）の誤り
- □ **12** 雨だれ石をうがつ＝塵《ちり》も積もれば（　　）となる

解答

- **7** 果報
- **8** 弱り目
- **9** 医者
- **10** a くぎ
  b 豆腐《とうふ》
- **11** a 川
  b 筆
- **12** 山

ぷちトク！ これも覚えておきたいことわざ

- 転ばぬ先の杖《つえ》…災難が起こる前にあらかじめ用心をしておくこと。
- 焼け石に水…努力や助けがわずかで，効果が期待できないこと。

12 文脈の把握

出る率

接続語の選択

次の(　　)にあてはまる接続語を，あとから選びなさい。

□ 1 とても辛《から》いカレーだった。(　　)，途中《とちゅう》から辛さに慣れた。

★□ 2 今日はもう帰ろうと思う。(　　)，さっきから頭が痛くてたまらないからだ。

□ 3 君はここに残るかい。(　　)，帰るかい。

★□ 4 家族全員で買い物に出かけた。(　　)，いま家にはだれもいないということだ。

〔つまり　それとも　しかし　なぜなら〕

解答

1 しかし
前後が反対の内容である。

2 なぜなら

3 それとも

4 つまり
前の文の内容を別のことばで言いかえている。

呼応する副詞の選択

次の(　　)にあてはまる副詞を，あとから選びなさい。ただし，同じ語は2回使わないこと。

★□ 5 (　　)自分の経験のように語る。

□ 6 (　　)明日が雪ならば出発を延期する。

□ 7 彼は(　　)ここには来ないだろう。

□ 8 お疲《つか》れなら(　　)ここにお座《すわ》りください。

□ 9 彼女は(　　)怒《おこ》っているのだろうか。

〔どうぞ　もし　あたかも
たぶん　なぜ〕

5 あたかも

6 もし

7 たぶん

8 どうぞ

9 なぜ
疑問文になっていることに注意する。

ぷちトク！ おもな接続語の種類

順接：だから・それで・すると
逆接：しかし・ところが・けれども
選択《せんたく》・対比：それとも・あるいは・もしくは
説明・補足：なぜなら・ただし・ちなみに

13 文節どうしの関係

出る率

文節どうしの関係

次の下線部の文節どうしの関係を，あとから選びなさい。

□ 1 庭には，梅と 椿《つばき》が植えられている。

□ 2 父の勤める会社は，このビルの五階だ。

★□ 3 明日，新しいキャプテンの発表がある。

★□ 4 本のしおりがはさんで あるページを開く。

［ 主・述の関係　補助の関係　修飾《しゅうしょく》・被《ひ》修飾の関係　並立《へいりつ》の関係 ］

修飾・被修飾の関係

次の下線部の語が修飾する一文節を答えなさい。

□ 5 彼女は，次の大会に向けて練習に励《はげ》む。

□ 6 妹が公園で赤い小さなビー玉を拾った。

□ 7 図書館で友達と海の生物の本を探した。

□ 8 昨日，父は兄とつれだって釣《つ》りに行った。

□ 9 引っ越《こ》していく知人に母はきれいなハンカチを贈《おく》った。

□ 10 どんなに後悔《こうかい》しても過ぎた時間は戻《もど》らない。

□ 11 自分の将来についてあらゆる想像をめぐらしてみる。

解答

1 並立の関係

2 主・述の関係

3 修飾・被修飾の関係

4 補助の関係

5 大会に

6 ビー玉を

7 探した

8 行った

9 贈った

10 後悔しても

11 想像を

ぷちトク！ 修飾される語の探し方

① 文を文節に区切り，修飾語が説明している語が何かを考える。

② 原則，修飾される語は修飾語の後ろにあるので，まず後ろを探す。

③ 修飾語と修飾される語を並べて，意味が通るかどうか確認する。

14 用言

出る率

動詞の活用の種類と活用形

次の下線部の動詞と活用の種類が同じものを，あとから選びなさい。

□ 1 私は，毎晩，寝《ね》る前に小説を読む。

□ 2 詳《くわ》しいことは，図書館で調べてみる。

★ □ 3 太陽の光を浴びれば，苗《なえ》もよく育つだろう。

〔来る　走る　する　見る　助ける〕

次の下線部の動詞の活用形を答えなさい。

□ 4 早く家に帰ろう。

□ 5 街頭で募金《ぼきん》活動を行います。

□ 6 困ったことがあれば，相談してください。

□ 7 お気に入りの音楽を聴《き》く。

★ □ 8 感心するのは，彼の行動力だ。

形容詞・形容動詞

★ □ 9 次の下線部の語が形容詞のものを選びなさい。

ア　料理が少なければもっと注文しよう。

イ　午後になって波が静かになった。

□ 10 次の下線部の語が形容動詞のものを選びなさい。

ア　祖母から届いたトマトはとても赤かった。

イ　境内《けいだい》は新年を祝う人でにぎやかな様子だ。

解答

1 走る

2 助ける

3 見る
「ない」をつけると直前の音がイ段の音になる。

4 未然形

5 連用形

6 仮定形

7 終止形

8 連体形
直後の「の」は「こと」に置きかえられる。

9 ア
終止形の語尾《こび》が「い」の形になるものが形容詞。

10 イ
終止形の語尾が「だ(です)」の形になるものが形容動詞。

ぷちトク！ 動詞の活用の種類は「ない」をつけて見分ける

①「ない」の直前の文字がア段音なら五段活用。例 泳ぐ→泳がない

②「ない」の直前の文字がイ段音なら上一段活用。例 落ちる→落ちない

③「ない」の直前の文字がエ段音なら下一段活用。例 食べる→食べない

15 助動詞

出る率

助動詞の意味の識別

解答

次の下線部の語と同じ意味のものを，あとから選びなさい。

★ □ **1** 表彰式《ひょうしょうしき》で恩師から祝福され<u>れ</u>た。

ア　あの方は，昨日の討論会に参加さ<u>れ</u>た。

イ　悲しそうな妹の胸中が思いやら<u>れ</u>た。

ウ　ありがとうと言わ<u>れ</u>て照れくさい。

1 ウ
受け身・尊敬・可能・自発の4つの意味を見分ける。

□ **2** 三歳《さい》の弟は，一人でパジャマを着<u>られる</u>。

ア　屋上から街全体を眺《なが》め<u>られる</u>。

イ　異国で暮らす友のことが案じ<u>られる</u>。

ウ　見知らぬ人に道をたずね<u>られる</u>。

2 ア

次の下線部の語のうち，意味がほかと異なるものを選びなさい。

★ □ **3** ア　今度の新作映画は，おもしろ<u>そうだ</u>。

イ　午後からは，雨になり<u>そうだ</u>。

ウ　明日は，授業がない<u>そうだ</u>。

3 ウ
どのように判断しているのかに着目する。

★ □ **4** ア　時間があるなら，買い物に行こ<u>う</u>。

イ　明日の朝は，雨が激しかろ<u>う</u>。

ウ　まもなく，サーカスが始まるだろ<u>う</u>。

4 ア
推量の意味か，意志の意味かを見分ける。

□ **5** ア　彼は，突然《とつぜん》のことに驚《おどろ》いている<u>ようだ</u>。

イ　あの人の歌声は，プロの歌手の<u>ようだ</u>。

ウ　体育館は，散らかったままの<u>ようだ</u>。

5 イ
推定ではなく，たとえを表すものを選ぶ。

□ **6** ア　壁《かべ》にかかっ<u>た</u>時計を見る。

イ　昨日，パソコンが急に停止し<u>た</u>。

ウ　二年前に友達と来<u>た</u>場所だ。

6 ア
過去の意味か，存続の意味かを見分ける。

ぷちトク！ 助動詞「そうだ」の意味のちがい

① 自分の目で見て判断している。→様態の「そうだ」 例 雨が<u>降りそうだ</u>。

② 伝え聞いたことで判断している。→伝聞の「そうだ」 例 雨が<u>降るそうだ</u>。

16 助詞

出る率

助詞の用法の識別

解答

次の下線部の「の」と同じ用法のものを，あとから選びなさい。

★ □ **1** バラの咲《さ》く庭を歩く。
　ア　月の満ち欠けを観察する。
　イ　大勢の前で話すのは苦手だ。
　ウ　しんしんと雪の降る夜は静かだ。

1 ウ
「が」と言いかえることができるもの。

□ **2** サッカーを観戦するのが好きだ。
　ア　読み応えのある本を読んでいる。
　イ　星の名前をすべて覚えるのは難しい。
　ウ　山のふもとでレストランを営む。

2 イ
「こと」と言いかえることができるもの。

次の下線部の語のうち，用法がほかと異なるものを選びなさい。

★ □ **3** ア　あの角を曲がると郵便局が見える。
　イ　坂道を走って上ると息が切れる。
　ウ　彼女の撮《と》る写真は，どれも美しいと思う。

3 ウ
接続の働きの「と」ではないものを見分ける。

★ □ **4** ア　真実を知りながら彼には黙《だま》っていた。
　イ　歌を口ずさみながら掃除《そうじ》する。
　ウ　やると言いながらまだできていない。

4 イ
逆接の働きの「ながら」ではないものを見分ける。

□ **5** ア　住所ばかりか電話番号さえ忘れた。
　イ　君さえよければ僕《ぼく》も手伝うよ。
　ウ　健康でさえいてくれればそれで十分だ。

5 ア
追加する働きの「さえ」を選ぶ。

□ **6** ア　学校から駅に向かう。
　イ　外は寒いから中に入ろう。
　ウ　今から練習を始めます。

6 イ
理由を示している「から」を選ぶ。

ぷちトク！ 注意したい「の」の二つの用法

① **主語を示す**「の」は，「が」に言いかえても意味が通るもの。
② **名詞の代用**の「の」は，「こと」に言いかえても意味が通るもの。

17 品詞の識別①

出る率

自立語の識別

次の下線部の語の品詞名を答えなさい。

□ 1 机の角にぶつけた右足の小指が痛い。

□ 2 彼が無関係だとはまったく信じられない。

□ 3 テニスをするために友達を誘《さそ》った。

★□ 4 弟のおもしろい発言に笑いが起こる。

次の下線部の語のうち，連体詞を選びなさい。

□ 5 ア　ある日，突然《とつぜん》，犬が迷い込《こ》んできた。
イ　テーブルの上にある皿を片付ける。

□ 6 ア　あの電車に傘《かさ》を忘れたかもしれない。
イ　あちらの建物をご覧ください。

★□ 7 ア　小さい目覚まし時計を枕元《まくらもと》に置く。
イ　小さな噴水《ふんすい》のある公園に行く。

□ 8 ア　住み慣れた地から去ることはできない。
イ　去る七月四日は，祖母の誕生日だった。

次の下線部の語のうち，品詞がほかと異なるものを選びなさい。

★□ 9 ア　弟は，テストの点を決して口にしない。
イ　しかし，彼とは会えなかった。
ウ　雨あるいは雪が降ったら遠足は中止だ。

□ 10 ア　道で転んで恥《は》ずかしくなった。
イ　先生の話をおもしろく感じた。
ウ　二時間かけてようやく到着した。

解答

1 形容詞

2 副詞

3 動詞

4 名詞
直後に「が」があることで主語になっている。

5 ア
動詞と見分ける。

6 ア
代名詞と見分ける。

7 イ
形容詞と見分ける。

8 イ

9 ア
1つだけ副詞。

10 ウ
形容詞ではないもの。

ぷちトク！ これも覚えておきたい連体詞

「ーた(だ)」の形…たいした・とんだ

「ーの」の形…この・その・どの

「ーる」の形…いわゆる・あらゆる・来《きた》る

「ーが」の形…わが

「ーな」の形…大きな・いろんな

18 品詞の識別②

出る率

まぎらわしい語の識別

次の下線部の語と品詞が同じものを，あとから選びなさい。

★ □ **1** 風が強い日は，洗濯物《せんたくもの》を外に干さない。
　ア　この町の地理には詳《くわ》しくない。
　イ　そのかばんを持ち上げられない。
　ウ　時間がないので手短に話す。

★ □ **2** 母は，いちごを買ったらしい。
　ア　小鳥がかわいらしい様子でさえずる。
　イ　外は，春らしい気温で過ごしやすい。
　ウ　あそこにいるのは，担任の先生らしい。

□ **3** 学校の代表として適任なのは，君だ。
　ア　海を渡《わた》る風がさわやかだ。
　イ　はぐれないように手をつないだ。
　ウ　妹が好きなのは犬のぬいぐるみだ。

★ □ **4** 自分の身長に合った服を買う。
　ア　散らかった部屋の整理に追われる。
　イ　決勝は実にあっけない幕切れとなった。
　ウ　迷わないように地図で道を調べておく。

次の下線部の語のうち，品詞がほかと異なるものを選びなさい。

□ **5** ア　バターは牛乳でつくられている。
　イ　あの青年が君に紹介《しょうかい》したい人である。
　ウ　これは海外で人気があったお菓子《かし》だ。

解答

1 イ
「ぬ」や「ず」に置きかえられるかを確認する。

2 ウ
「どうやら」などのことばを補って読めるものを選ぶ。

3 ウ
断定の助動詞「だ」であるもの。

4 ア
「に」の部分で単語に区切れるかどうかに注意する。

5 イ
1つだけ断定の助動詞。

ぷちトク！ 「ない」の見分け方のコツ

助動詞の「ない」は，「ぬ」や「ず」に置きかえても意味が通る。

例　泳がない→泳がぬ○…助動詞　　少ない→少ぬ×…形容詞「少ない」の一部
暑くない→暑くぬ×…補助形容詞　　悩《なや》みがない→悩みがぬ×…形容詞

19 敬語

出る率

敬語表現

次の下線部の語を特別な形の敬語表現を使って，（　　）内の敬語になるように直しなさい。

□ 1 山田様は今日初めてその料理を食べたそうです。（尊敬語）

□ 2 お客様，お困りのことがありましたら，遠慮《えんりょ》なく言ってください。（尊敬語）

★ □ 3 先月，先生の最新の絵を美術館で見た。（謙譲《けんじょう》語《ご》）

★ □ 4 今から校長先生がお話をするそうです。（尊敬語）

□ 5 すばらしいものをもらった。（謙譲語）

正しい敬語の使い方

次の下線部が敬語として正しければ○，まちがっていれば×で答えなさい。

□ 6 先生はその話をお聞きして，どう思われましたか。

□ 7 母が，ぜひお会いしたいと申しております。

□ 8 校長先生もその問題をお考えしている。

□ 9 先生はそのお手紙をご覧になりました。

★ □ 10 お客様は，ただいまお出かけになられています。

解答

1 召《め》し上がった

2 おっしゃって

3 拝見した

4 なさる［される］

5 いただいた

6 ×
「お聞きして」は謙譲語。

7 ○

8 ×

9 ○

10 ×
「お出かけになる」と助動詞「れる」を使っている。

ぷちトク！ 尊敬語と謙譲語

① 尊敬語は，動作をする人への敬意を表す。

② 謙譲語は，自分がへりくだって，動作を受ける人への敬意を表す。

20 韻文(詩・短歌・俳句)

出る率

詩の形式と表現技法

解答

□ **1** 一行の音数や行数に決まりがなく，話しことばで書かれた詩を何というか答えなさい。

1 口語自由詩
話しことばは文語ではない。

次の説明にあてはまる表現技法を，あとから選びなさい。

★□ **2** 文末を名詞にして，余韻《よいん》を生み出す。

□ **3** 人でないものを人にたとえる比喩《ひゆ》表現。

□ **4** 語順を入れかえて印象を強める。

□ **5** 同じ語を繰《く》り返す。

〔倒置《とうち》　擬人法《ぎじんほう》　体言止め　反復〕

2 体言止め

3 擬人法

4 倒置

5 反復

短歌・俳句

次の短歌・俳句は何句切れか，答えなさい。

□ **6** いつしかに春の名残《なごり》となりにけり
昆布干場《こんぶほしば》のたんぽぽの花

6 三句切れ

★□ **7** 金色《こんじき》のちひ《(い)》さき鳥のかたちして
銀杏《いちょう》ちるなり夕日の岡《おか》に

7 四句切れ
内容の切れ目を探す。

□ **8** 五月雨《さみだれ》や胸につかへ《(え)》る秩父山《ちちぶやま》

8 初句切れ

□ **9** 菜のにえる湯の涌口《わきぐち》や春の雨

9 二句切れ

次の俳句の季節を答えなさい。

□ **10** さまざまの事思ひ《(い)》出す桜かな

10 春

□ **11** 枯《か》れ尽《つ》くすへちまのたなのつららかな

11 冬
季語は「つらら」。

ぷちトク！ 句切れと切れ字

短歌・俳句の意味やリズムの切れ目のことを句切れという。句の切れ目には切れ字があることが多いので，「や・かな・けり」など代表的な切れ字は覚えておくとよい。

21 古文

出る率

歴史的仮名遣いと古語の意味

次の下線部の語を，現代仮名遣《かなづか》いに直しなさい。

□ **1** 神にまゐるこそ本意《ほい》なれ

★ □ **2** おもしろさうなと感じられたる

□ **3** うたがひおもふ

□ **4** いかなるゆゑにかありけん

次の語の意味を，あとから選びなさい。

□ **5** いと

★ □ **6** うつくし

□ **7** ありがたし

★ □ **8** をかし

〔 かわいらしい　趣《おもむき》がある
めったにない　とても 〕

代表的な古典作品

□ **9** 次の作者の作品を，あとから選びなさい。

① 兼好法師《けんこうほうし》　② 松尾芭蕉《まつおばしょう》
③ 清少納言《せいしょうなごん》　④ 紫式部《むらさきしきぶ》

〔 枕草子《まくらのそうし》　徒然草《つれづれぐさ》
源氏物語《げんじものがたり》　おくのほそ道 〕

□ **10** 後鳥羽上皇《ごとばじょうこう》の命を受けて，藤原定家《ふじわらのさだいえ》らが撰者《せんじゃ》となった勅撰《ちょくせん》和歌集は何か。

解答

1 まいる

2 おもしろそうな

3 うたがいおもう

4 ゆえ

5 とても

6 かわいらしい

7 めったにない

8 趣がある
ものごとに風情《ふぜい》を感じること。

9 ① 徒然草
② おくのほそ道
③ 枕草子
④ 源氏物語
光源氏《ひかるげんじ》を主人公としている。

10 新古今和歌集《しんこきんわかしゅう》

ぷちトク！ 注意したい歴史的仮名遣い

歴史的仮名遣いでは「は・ひ・ふ・へ・ほ」を「ワ・イ・ウ・エ・オ」と読むが，単語の頭にある「は・ひ・ふ・へ・ほ」は，そのままハ行で読む。

22 漢文

出る率

返り点と書き下し文

次の書き下し文のように読める漢文を、あとから選びなさい。

□ **1** 君子は文を以《もつ》て友を会《くわい》し、友を以て仁を輔《たす》く。

ア 君子ハ㆑以ハ文ヲ㆑会シ友ヲ、以テ友ヲ㆑輔ク㆑仁ヲ。

イ 君子ハ以テ㆑文ヲ会シ㆑友ヲ、以テ㆑友ヲ輔ク㆑仁ヲ。

ウ 君子ハ以テ㆑文ヲ会シ㆑友ヲ、以テ㆑友ヲ㆑輔ク㆑仁ヲ。

★□ **2** 礼を学ばずんば、以て立つこと無し。

ア 不《ず》ンバ㆑学バ㆑礼ヲ、無シ㆑以テ㆑立ツコト。

イ 不《ず》ンバ㆑学バ㆑礼ヲ、無シ㆓以テ立ツコト㆒。

ウ 不《ず》ンバ㆑学バ礼ヲ、無シ㆑以テ㆑立ツコト。

次の漢文の書き下し文として正しいものを、あとから選びなさい。

★□ **3** 子《し》曰《い》ハク、知ル㆑之《これ》ヲ者ハ、不《ず》㆑如《し》カ㆓好ム㆑之ヲ者ニ㆒。

ア 子曰はく、之を知る者は、之を好む者に如かず。

イ 子曰はく、知る者は之を、之を好む者に如かず。

ウ 子曰はく、之を知る者は、者に之を好む如かず。

□ **4** 子入リテ㆓大《たい》廟《べう》ニ㆒、毎《ごと》ニ㆑事問フ。

ア 子入りて大廟に、事毎に問ふ。

イ 子大廟に問ふ、事毎に入りて。

ウ 子大廟に入りて、事毎に問ふ。

解答

1 イ
対句《ついく》が用いられた一文である。

2 イ

3 ア

4 ウ
レ点と一・二点が用いられた一文である。

ぷちトク! 返り点の読み方

① レ点は，レ点のすぐ下の字を読んでからレ点のついている字を読む。

② 一・二点は，一 → 二の順に読む。2字以上離《はな》れているときに使う。

ぷち まとめ　覚えておきたい品詞の特徴《とくちょう》

◉ 品詞分類表で確認しよう

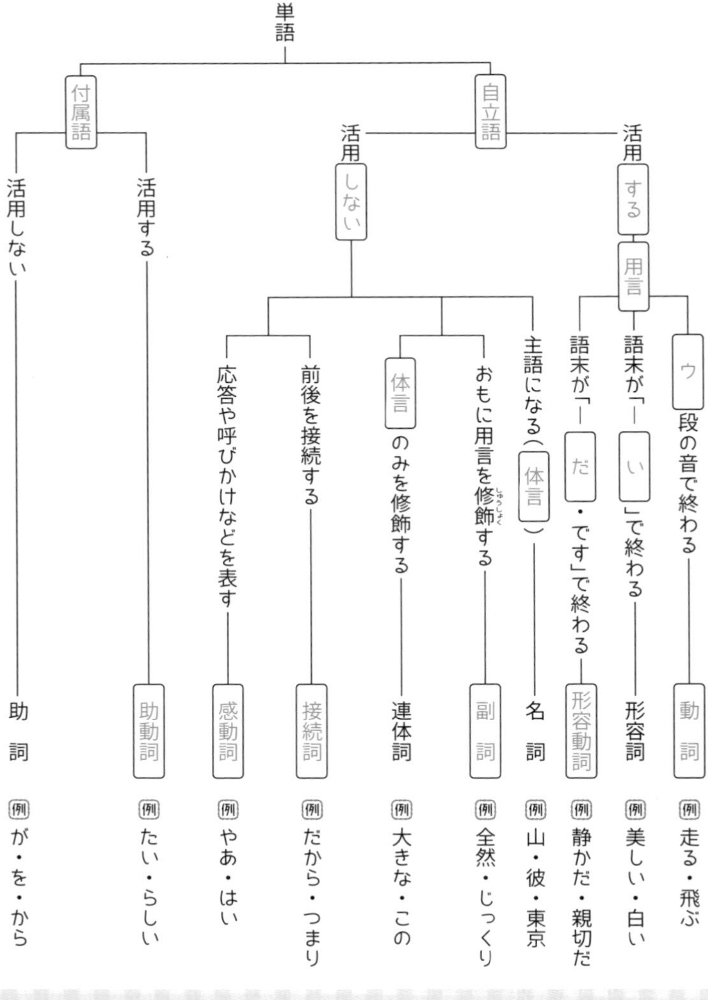

③